Colección **Sociología del trabajo**

dirigida por **Juan José Castillo**

Edición: Primera. Diciembre de 2023

Tirada: 200 ejemplares

ISBN: 978-84-19830-46-3
E-ISBN: 978-84-19830-47-0
Depósito Legal: M-35031-2023

Lugar de edición: Buenos Aires/Barcelona.
Diseño: Gerardo Miño

IBIC: JHBL [Sociología del trabajo y del esfuerzo]
JFFC [Impacto social de los desastres]

Tacuarí 540
(C1071AAL)
Buenos Aires, Argentina
e-mail: administracion@minoydavila.com
web: www.minoydavila.com

Editado con el apoyo de:

Johanna Maldovan Bonelli
Andrea Del Bono
(coordinadoras)

Cuando el trabajo se vuelve esencial:

incertidumbre y encrucijadas de vida en ocupaciones precarias

Florencia Corradi
Andrea Del Bono
Malena Hopp
Johanna Maldovan Bonelli
Agustina Trajtemberg

Índice

Presentación

E ste libro reúne un conjunto de textos que condensan el trabajo de investigación realizado en el marco de distintos proyectos y ha sido posible gracias a la articulación de distintos equipos.

El primero de estos Proyectos "Cambio tecnológico y flexibilización laboral. Análisis del impacto de la digitalización sobre el trabajo, los/as trabajadores/as y las relaciones laborales"[1], ha provisto el financiamiento de esta obra. En dicho marco, a partir de 2019, pusimos el foco en las articulaciones entre los procesos de incorporación de nuevas tecnologías y las lógicas de flexibilización laboral condensados en el desarrollo de las plataformas digitales de trabajo y en otras actividades que escapan a la lógica del trabajo clásico. Haciendo un recorte de ese estudio más amplio, en las páginas que siguen condensamos nuestros hallazgos sobre el caso de los/as trabajadores/as de las plataformas digitales de reparto.

El segundo de estos proyectos "Estrategias de sindicalización de trabajadores no asalariados: los casos de la UOLRA y la CTEP"[2] tuvo por objetivo indagar en el proceso de sindicalización de los/as trabajadores/as de la economía popular, a fin de dar cuenta de sus estrategias de organización y disputa, así como de demanda y construcción de derechos sociales y laborales en el período 2015-2020, a partir del estudio de los casos de la Confederación de Trabajadores de la Economía Popular y de la Unión de Trabajadores Ladrilleros de la República Argentina.

Finalmente, el proyecto, "Heterogeneidad estructural y desigualdades persistentes en Argentina 2020-2021: análisis dinámico de las reconfi-

---

1 Proyecto Orientado PIO CONICET-UNAJ - N°15520150100005. Investigadora Titular: Dra. Andrea Del Bono. Lugar de radicación: Universidad Nacional Arturo Jauretche.

2 Proyecto PICT Jóven - N° 2018-00593 - Investigadora Responsable: Dra. Johanna Maldovan Bonelli. Lugar de radicación: Universidad Nacional de José C. Paz.

guraciones provocadas por la pandemia COVID-19 sobre las políticas nacionales-provinciales-locales y su impacto en la estructura y la dinámica socio-ocupacional: un abordaje mixto y regional"[3] que se desarrolló en el marco de la convocatoria PISAC en el contexto de la pandemia del COVID-19. Quienes integramos esta publicación formamos parte del nodo de la Universidad Nacional Arturo Jauretche (UNAJ).

Esta publicación contó también con el apoyo financiero de la Comisión de Investigaciones Científicas (CIC) de la Provincia de Buenos Aires a través de la línea "Subsidio para Publicaciones de Divulgación Científicas y Tecnológicas (PDCT-22)"[4].

A la par de los entes financiadores, agradecemos especialmente a quienes hicieron posible este trabajo. En primer lugar, a los y las trabajadoras que dispusieron de su tiempo para conversar y compartir sus experiencias laborales, familiares y de vida. Más aún en un contexto tan complejo como el atravesado durante la pandemia del COVID-19. En segundo lugar, a las organizaciones de representación de estos colectivos y sus referentes/as, que tan centrales devienen en la actualidad para afrontar las diversas formas de explotación laboral, los procesos de deslaboralización y la precariedad –y muchas veces ausencias– de derechos y protecciones sociales y laborales. Entre ellas particularmente a quienes integran el colectivo de Vendedores Ambulantes Independientes de Once y forman parte de la Unión de Trabajadores/as de la Economía Popular (VAIO-UTEP). Finalmente, a las instituciones donde se radicaron los proyectos que dieron paso a este libro –Universidad Nacional Arturo Jauretche y Universidad Nacional de José C. Paz– por el apoyo brindado a lo largo de las distintas etapas de nuestro trabajo.

---

3   Proyecto PISAC COVID-19 - N° 00014. Investigadora Responsable del Proyecto: Dra. Leticia Muñiz Terra. Investigadora Responsable Nodo UNAJ: Dra. Johanna Maldovan. Lugar de radicación: Universidad Nacional de La Plata.

4   RESO 2022-519-GDEBA-CIC.

Introducción

Johanna Maldovan Bonelli y Andrea Del Bono

El presente del trabajo está en crisis, y así también lo están las catego-rías que históricamente hemos utilizado para definirlo, estudiarlo y proyectarlo en la sociedad. A la par de ello –y en tanto una de sus prin-cipales consecuencias– la desigualdad se ha constituido en el principal signo de época, ocupando el centro de los debates políticos y académicos de los últimos años. Sin embargo, al mismo tiempo que las desigualdades laborales se han vuelto más visibles y profundas emergieron nuevas com-plejidades para su abordaje, en el marco de un mundo en el cual –a decir de Alain Touraine– las grandes categorías sociales se han fragmentado en grupos más reducidos. Los procesos de heterogeneización avanzan tanto en lo que respecta a la forma que adquieren las relaciones laborales como a las condiciones de trabajo, aunque no de manera necesariamente lineal. La precariedad, antaño vinculada a los empleos informales o bien a las ocupaciones "de subsistencia" atraviesa a los empleos formales que otrora constituían la garantía de participación plena en la sociedad. La insuficiencia de las instituciones marco de regulación de las relaciones laborales, así como de aquellas vinculadas a la provisión de bienestar para dar respuestas de carácter universal expresan también esta complejidad. En este marco, la incertidumbre emerge como uno de los rasgos más evi-dentes en la proyección de la vida actual, y el trabajo –en tanto actividad que continúa signando las posibilidades y condiciones de reproducción de las grandes mayorías– aparece como una de sus manifestaciones más centrales.

Este libro se inscribe en esta problematización y, partiendo de ella, propone algunas reflexiones en torno al lugar que ocupa el trabajo en nuestra sociedad y las múltiples complejidades que presenta su abordaje en términos de las relaciones laborales y condiciones que lo signan, el acceso a derechos y protecciones y las formas de organización colectiva y disputa reivindicativa. Asimismo, propone dar cuenta de cómo los procesos de crisis evidencian y profundizan las desigualdades existentes y afectan de manera desproporcionada a los sectores más vulnerables.

La pandemia mundial del Covid-19 se constituyó en un fenómeno de alcance global que da cuenta de la aceleración de los cambios transcurridos, tanto por la rapidez en su expansión como por la velocidad que adquirieron las respuestas al problema, al menos en términos del desarrollo de vacunas para proteger a las personas de la enfermedad y frenar la propagación del virus. Sus efectos y consecuencias, desplegadas en los distintos órdenes de la vida y en gran parte poco abordadas, continúan presentes.

En lo que respecta al trabajo, los cambios resultantes en la sociedad debido a las medidas de aislamiento físico implementadas para frenar la propagación del virus pusieron de manifiesto las desigualdades prexistentes en el acceso al empleo formal y protegido y la persistencia de distintas formas de discriminación hacia quienes no acceden a un trabajo "justo", lo que provocó que las personas en situaciones de mayor precariedad experimentaran un impacto mucho más duro. Estos hechos permiten cuestionar –una vez más– a los debates sobre el fin del trabajo establecidos desde la década del ochenta. Al menos a aquellos referidos a los impactos de la denominada Cuarta Revolución Industrial y su incidencia sobre la organización de los procesos productivos y del trabajo en el capitalismo actual. Los postulados que avizoran la destitución del trabajo por causa de la creciente automatización o bien aquellos que abogan por la pérdida de la centralidad del trabajo en la organización de la vida cotidiana se vuelven a enfrentar con algunos hechos irrefutables: las grandes mayorías tienden a trabajar cada vez más y en peores condiciones (aun en contextos sumamente críticos). Lo que implica extensión de las jornadas, menores salarios e ingresos, fragilidad de los derechos laborales –cuando existen– y una constante inseguridad. Lo que está en juego entonces, no es tanto la persistencia o desaparición del trabajo sino sus condiciones de ejercicio.

En Argentina, la medida central en base a la cual se organizaron las distintas respuestas a la pandemia fue el decreto de Aislamiento Social, Preventivo y Obligatorio (ASPO). Así, "con el objetivo de proteger la salud pública como una obligación inalienable del Estado nacional" se estableció que durante un plazo determinado "todas las personas deberán permanecer en sus residencias habituales o en el lugar en que se encuentren y abstenerse de concurrir a sus lugares de trabajo". El decreto retoma el artículo 14 de la Constitución Nacional, referenciando el "derecho de trabajar y ejercer toda industria lícita; de navegar y comerciar; de peticionar a las autoridades; de entrar, permanecer, transitar y salir del territorio argentino de todos los habitantes de la Nación" y lo reconoce como uno de los "pilares fundamentales garantizado en nuestro ordenamiento jurídico" aunque "sujeto a limitaciones por razones de orden público, seguridad y salud pública". El texto de la norma garantiza a su vez que "los trabajadores y trabajadoras del sector privado tendrán derecho al goce íntegro de sus ingresos habituales" y otorga asueto a los/as trabajadores/as del sector público durante el primer período de aislamiento establecido (hasta el 31 de marzo). Asimismo, la norma establece una delimitación de las actividades económicas bajo el criterio de "esencialidad". Aquellas consideradas "esenciales" estuvieron habilitadas para desarrollarse en sus lugares habituales de trabajo (a partir de una reorganización de las tareas y procesos) y el resto, englobado bajo la "no esencialidad" fueron momentáneamente suspendidas o bien reorganizadas bajo el trabajo remoto, cuando ello fue posible.

En términos generales, las medidas restrictivas estuvieron vigentes durante todo el 2020 y en menor medida, durante el 2021, aunque ello dependió de la evolución de la situación epidemiológica en las distintas jurisdicciones del país a lo largo de los dos años. El criterio de habilitación/inhabilitación de las distintas actividades económicas tuvo impactos disímiles sobre los/as trabajadores/as. La profundidad de estos impactos estuvo también vinculada a las políticas públicas implementadas por el gobierno nacional y los gobiernos provinciales y locales para paliar los efectos de la crisis económica, sanitaria y laboral que acarreó la emergencia del virus.

El Área Metropolitana de Buenos Aires (AMBA) –territorio en el cual se desarrollan los casos que abordaremos en este libro– permaneció en el marco de las distintas fases de ASPO hasta los primeros días de noviembre de 2020, cuando comenzó el período conocido como Distanciamiento Social, Preventivo y Obligatorio (DISPO). Los análisis de las páginas que siguen están anclados en el bienio pandémico (2020-2021). En línea con lo que sucedió a nivel nacional, en el AMBA se observó una fuerte contracción del mercado de trabajo, expresada centralmente en una profunda caída de la tasa de actividad –cercana a los nueve puntos porcentuales– y del volumen de ocupación. La modificación de ambos indicadores se debió principalmente a la disminución de la tasa de desempleo (que pasó a engrosar la de inactividad) y a la reducción de los niveles de empleo informal y de trabajo por cuenta propia dentro de los/as ocupados (que perdieron en mayor medida sus fuentes laborales). Dicho de otra manera, quienes se encontraban bajo una relación de empleo informal o por fuera de una relación salarial sufrieron en mayor medida la pérdida de sus fuentes de trabajo. Entre ellos/as, las mujeres, los jóvenes y quienes poseían menores credenciales educativas se vieron más afectados. Por otra parte, quienes se encontraban bajo una relación de empleo formal pudieron enfrentar la pandemia en mejores condiciones. En este sentido, si bien hoy tener un empleo registrado no es necesariamente condición de seguridad y bienestar, la relación salarial formal continúa marcando un parteaguas en la condición de los sujetos en la sociedad. Y más aún si se atiende a que dicha relación laboral es el anclaje sobre el cual se sustenta gran parte de las políticas públicas laborales en nuestro país, así como la base sobre la cual se organiza el sistema de protección social y de representación colectiva de la clase trabajadora.

Particularmente, en este libro buscaremos dar cuenta de estos nudos problemáticos en dos ocupaciones que confluyen en diversos puntos y se bifurcan en otros: la venta callejera y el trabajo en las plataformas digitales de reparto. Centrar la mirada en lo acaecido con estos/as trabajadores/as, nos permite ahondar en problemáticas ligadas a cómo se organiza el trabajo en nuestra sociedad y el lugar que tiene la extensa presencia de sectores atravesados por la ausencia de relaciones de empleo, la informalidad laboral, la precariedad, los bajos ingresos y la incertidumbre constante que genera la necesidad de trabajar al día para llevar el pan a la mesa en contextos por demás hostiles.

De ahí que uno de nuestros objetivos es dar cuenta de cómo la heterogeneidad y las desigualdades previamente existentes en el mercado de trabajo se cristalizaron o bien en otros casos aumentaron con el transcurrir de la pandemia. Ligado a ello, destacar qué sucedió particularmente con los/as trabajadores/as de dos tipos de ocupaciones que han cobrado una importante presencia en el espacio público en la última década –una de ellas debido a la extensión en el uso de aplicaciones digitales–, la otra, si bien con una presencia de larga data en el país, incrementada a partir de la crisis de empleo y empobrecimiento que generaron las políticas implementadas por la gestión macrista en el período 2015-2019. Para analizarlas, es importante tener en cuenta que solamente los/as trabajadores/as de las plataformas de reparto fueron clasificados como trabajadores/as esenciales y así pudieron continuar trabajando, mientras que los/as vendedores/as callejeros/as no contaron con esa posibilidad. Si bien quienes participan de estas actividades y los trabajos que llevan a cabo difieren en varios aspectos, comparten también otras características que emergen como significativas para dar cuenta de los impactos de la pandemia en la profundización de las desigualdades preexistentes.

En primer lugar, en cuanto a la caracterización de las relaciones laborales, los dos grupos de trabajadores/as considerados se encuentran por fuera de una relación de empleo formal. En el caso de los *riders*, porque su actividad se encuentra inserta en el complejo entramado del "capitalismo de plataformas" en cuyo marco el desarrollo de diversas formas de intermediación entre "clientes" y "proveedores" se asienta sobre el ocultamiento y negación de cualquier tipo de relación laboral. Los/as trabajadores/as de reparto son considerados como socios/as de las compañías y en los hechos, inscriptos como monotributistas En el caso de los/as vendedores callejeros/as, si bien existen relaciones salariales ocultas en algunos casos, la modalidad de trabajo más extendida refiere a trabajadores/as por cuenta propia, "independientes" o "de la economía popular"–como se definen muchos/as de ellos/as-.

El segundo aspecto común de ambas ocupaciones refiere a las condiciones de suma precariedad que signan su ejercicio. Ya antes de la pandemia las condiciones de trabajo precarias y las jornadas laborales extensas de más de ocho horas durante seis o siete días a la semana eran la norma. En el caso de los/as vendedores/as callejeros/as para percibir ingresos magros que no llegan siquiera a representar el salario mínimo, vital y móvil. En el caso de los/as repartidores/as de plataformas, para ganar un monto que los/as trabajadores/as encuentran satisfactorio, pero a costa de intensificar y prolongar al máximo la jornada de trabajo. Asimismo, se destaca como otra de las características de estas ocupaciones su alta peligrosidad: quienes las ejercen se exponen cotidianamente a situaciones que ponen en riesgo su salud e integridad física y emocional. Ambos colectivos desarrollan su actividad en la calle y por ende a la intemperie, estando sometidos a las inclemencias climáticas, a los accidentes de tránsito y a la carencia de espacios apropiados para suplir las necesidades básicas durante la jornada laboral, como comer e ir al baño. A estas situaciones de exposición física se suman, en ambos casos, el maltrato y diversas formas de discriminación a las que son sometidos producto de los prejuicios de algunos comerciantes, vecinos y/o transeúntes y –fundamentalmente en el caso de los/as vendedores/as– de las prácticas de hostigamiento que suelen llevar a cabo los agentes de espacio público y de las fuerzas de seguridad de las jurisdicciones donde se emplazan y que cobran especial relevancia en la Ciudad de Buenos Aires.

En este marco de situación emergió la pandemia. A partir de allí, los *riders* se vieron sometidos a la estrategia de negocio de las plataformas que maximizaron sus ganancias a costa del aumento de comisiones, del ingreso irrestricto de repartidores/as y de la intensificación de la jornada mediante incentivos engañosos; por su parte, los/as vendedores/as callejeros/as no pudieron ni siquiera continuar trabajando. Así, mientras que los primeros pudieron asegurar su subsistencia a costa de salir a ganarse "el peso" día a día bajo el riesgo permanente del contagio, los segundos vieron peligrar la propia subsistencia por regulaciones que cancelaron el acceso al trabajo, siendo este su principal –y en ocasiones la única– fuente de ingresos.

Al respecto cabe considerar que estas afirmaciones no proponen cuestionar la adopción de medidas de aislamiento físico en la población ante la emergencia del Covid-19. La incertidumbre en torno a las consecuencias del virus sobre la salud humana, el potencial impacto en el sistema sanitario, la inexistencia de tratamientos y vacunas y el desconocimiento sobre las formas principales de contagio, entre otras causas, sustentan por demás estas medidas. Sabido es además que estas no fueron exclusivas de nuestro país, sino que las "cuarentenas" se implementaron prácticamente a nivel global (al menos en lo que respecta a los grandes centros urbanos) y que fueron adaptándose a su vez a la evolución epidemiológica de las distintas regiones, a los avances en el conocimiento sobre cómo prevenir el contagio y al desarrollo de vacunas y su distribución en el conjunto de la población. No pretendemos discutir en estas páginas su fundamentación, sino considerar que su aplicación tuvo efectos sumamente diferenciales sobre los distintos segmentos de trabajadores y trabajadoras, con miras a propiciar el debate en torno a las características que asume el trabajo en la sociedad actual y las tensiones y desfasajes presentes entre las cada vez mayores tendencias hacia la heterogeneización y la persistencia de instituciones y regulaciones que datan –en algunos casos– de más de medio siglo de existencia.

En relación con ello y como tercer punto, nos interesa señalar que ante la ausencia de una relación de empleo, en ambos casos el acceso a derechos laborales y protecciones de la seguridad social se encuentra fuertemente limitado. En primer lugar, porque si bien en Argentina existen múltiples leyes que regulan las relaciones de trabajo tanto en su aspecto individual como colectivo, existe una vacancia normativa en lo que respecta a la regulación del trabajo "autónomo". Entre dichas leyes, una de las más importantes es aquella que rige al empleo privado –la Ley de Contrato de Trabajo– en la cual se establecen los pisos mínimos de derecho al que acceden los/as trabajadores/as registrados/as, que luego pueden ser ampliados por los Convenios Colectivos de Trabajo. Así, las relaciones laborales en el sector se encuentran reguladas en sus distintas dimensiones, tales como la delimitación de la jornada, los días de vacaciones, el acceso a licencias de diversa índole, la duración de los contratos, entre otras. A la par de este régimen coexisten otros específicos, tales como los que refieren a la regulación del empleo público, del trabajo en casas particulares y del empleo agrario.

En lo que respecta al sistema de seguridad social, en nuestro país este ha estado históricamente destinado al trabajador asalariado formal y sostenido sobre sus aportes y las contribuciones patronales. Actualmente comprende las siguientes prestaciones: asignaciones familiares, seguro por desempleo, cobertura de riesgos del trabajo, cobertura de salud y cobertura previsional de jubilaciones y pensiones. Como contraparte de ello, quienes se encuentran por fuera de esta relación laboral han sido tradicionalmente objeto de la asistencia social, cuyas prestaciones han estado delimitadas por otras agencias del Estado, tales como el Ministerio de Desarrollo Social. En estos casos dicha asistencia se justificó en la vulnerabilidad de los sujetos (madres solteras, menores, ancianos, discapacitados, etc.), condición que a partir de la década del noventa y de la mano de las políticas neoliberales, fue extendida hacia los "excluidos del mercado de trabajo". Sobre esta base se diseñaron diversos instrumentos regulatorios y protectorios destinados a los/as trabajadores/as no asalariados/as (e informales) y, entre ellos, específicamente en los últimos años para quienes son parte de la "economía popular". Ejemplo de ello constituyen la creación del Monotributo Social, la Asignación Universal por Hijo y por Embarazo, el Plan de Inclusión Previsional, la Tarjeta Alimentar y el Programa Potenciar Trabajo. Estas constituyen algunas de las prestaciones a las cuales acceden los/as trabajadores/as estudiados/as en este libro, aunque no de manera integral ni universal. De manera contraria, lo que tiende a primar en ambos casos son altos niveles de desprotección social que se derivan centralmente de las características que asumen las relaciones laborales en estos sectores, pero que también se articulan con otros obstáculos presentes al momento de acceder a dichas prestaciones no contributivas. Esta fue la situación de base sobre la que impactó la pandemia: la inexistencia de regulaciones laborales que protegieran a estos/as trabajadores/as conllevó un fuerte deterioro en sus condiciones de trabajo.

A partir del inicio del ASPO el Estado nacional y los Estados provinciales y municipales desplegaron diversas políticas orientadas a contener y paliar los efectos de la pandemia en la población a partir del abordaje de distintas áreas problemáticas (social, económica, laboral, sanitaria, etc.).

En términos de políticas de empleo el foco estuvo puesto en los cambios en los arreglos laborales (por ejemplo, trabajo de jornada reducida, ubicación y horarios flexibles, teletrabajo), la prohibición de despidos y la transferencia de una importante cantidad de recursos monetarios hacia las empresas del sector privado, en pos de sostener las fuentes de empleo de los/as trabajadores/as asalariados/as formales. Sin embargo, la situación de los/s trabajadores/as en relaciones laborales flexibles, informales o precarias (por ejemplo, distintas formas de trabajo subcontratado, así como nuevas formas de trabajo y de la economía popular), no tuvieron el mismo tipo de atención en tanto se situaron por fuera de la política laboral, aunque no por ello las políticas desplegadas para estos sectores dejaron de ser significativas.

Así –y en línea con lo que sucede con gran parte de los dispositivos de provisión de derechos y protecciones vinculados al trabajo– el trabajo asalariado formal continuó siendo durante la pandemia el centro de las políticas estatales, mientras que el conjunto amplio y heterogéneo de trabajos que conforman el mundo del "cuentapropismo" o bien del empleo informal, resultaron subsumidos a políticas de corte asistencial. En gran parte, estos abordajes pueden deberse a la complejidad de diseñar intervenciones sobre un sector mucho más fragmentado y difícil de asir desde la política pública, pero consideramos también, que ello se debe a un anclaje fuertemente asentado en torno a cuáles son las fronteras que delimitan aquello que es o no el trabajo. Este encuadre conllevó el mayor impacto de los aspectos más negativos de la crisis laboral provocada por las medidas de control de propagación del coronavirus, sobre los dos grupos de trabajadores/as estudiados.

El cuarto y último aspecto común a destacar, refiere las acciones y estrategias colectivas que estos colectivos han logrado desplegar en el marco (y a pesar) del conjunto de características señaladas anteriormente. Al respecto, y en línea con lo planteado en el último punto, la inexistencia –o bien falta de reconocimiento– de relaciones de empleo supone un obstáculo para la construcción de organizaciones de carácter reivindicativo ligadas a las demandas sectoriales. Es decir, ante la inexistencia/ negación de la relación capital trabajo, las estrategias de organización y negociación colectiva de estos sectores se vuelven sumamente complejas y emergen diversos desafíos a enfrentar, en tanto ello supone la creación de espacios de negociación e institucionalización de acuerdos ajenos a los mecanismos tradicionales, asentados en la organización tripartita del sistema de relaciones laborales. Es decir que, dado que no hay patrones comunes de acción, el desafío central en estos casos refiere a construir colectivamente estos mecanismos, al mismo tiempo que promover nuevas instituciones (o reformar las vigentes) que regulen las relaciones entabladas entre los actores que forman parte de los encadenamientos productivos y laborales donde se encuentran inscriptos/as. En el marco de esta complejidad los casos abordados dan cuenta de posibles vías y alternativas para la organización y la negociación colectiva y brindan algunas claves para la reflexión en torno a las estrategias desplegadas para la defensa de los derechos laborales en el marco de la crisis que atraviesa el trabajo en la actualidad.

Estos aspectos transversalizan la escritura de este libro, el cual se organiza en cuatro partes que abordan de manera paralela los mismos ejes temáticos en los dos casos estudiados. La primera se propone caracterizar a las dos actividades que constituyen el objeto de análisis. Para ello, en los Capítulos 1 y 2, se aborda una descripción socio-demográfica de los/as trabajadores/as que se desempeñan en ambas actividades, sus trayectorias ocupacionales y el lugar que la venta callejera en un caso y el reparto de mercancías a través de plataformas digitales en el otro, tienen en sus estrategias laborales y de ingresos. Asimismo, ambos Capítulos dan cuenta de las condiciones laborales, las formas de organización del trabajo y los principales actores y regulaciones que participan y rigen las relaciones laborales en ambas actividades.

La segunda parte –conformada por los Capítulos 3 y 4– se orienta a analizar qué sucedió con estos trabajadores/as durante el 2020, particularmente en el período de vigencia de las fases más estrictas de las medidas de aislamiento. Se propone analizar las consecuencias de la pandemia sobre las experiencias laborales y vitales de los dos grupos de trabajadores/as que han sido objeto de estudio, sus vivencias, las maneras que significaron a este período y las estrategias utilizadas para garantizar su reproducción en un marco de creciente incertidumbre.

La tercera parte –integrada por los Capítulos 5 y 6– aborda los desafíos, obstáculos y demandas presentes en la construcción de organizaciones colectivas en los dos casos que aborda este libro, teniendo en cuenta algunas experiencias y las potenciales rupturas o continuidades que significó la pandemia en estos procesos.

Finalmente, la cuarta parte presenta un Capítulo que condensa los principales abordajes estatales en términos de política laboral y fundamentalmente social dirigida a estos sectores del trabajo, teniendo en cuenta los dispositivos, medidas y recursos desplegados durante la pandemia para atender las problemáticas de reproducción a las que se vieron sometidos.

Consideraciones metodológicas

Los datos aquí presentados fueron producidos en el marco de los proyectos de investigación señalados en la presentación de este libro. En lo que respecta al caso de vendedores/as callejeros, el análisis se centró en lo acaecido con estos/as trabajadores en la Ciudad de Buenos Aires en el período 2019-2021. El diseño de la investigación fue de carácter cualitativo y se basó en el uso de distintas herramientas metodológicas: entrevistas en profundidad, observaciones participantes y no participantes, análisis de fuentes y documentos, grupos focales, entre las principales. El relevamiento de datos e información se llevó a cabo en cuatro etapas.

En primer lugar, se realizó un relevamiento en las inmediaciones de tres de los principales lugares donde se concentra la actividad en la ciudad: Plaza Miserere –Estación Once–, Plaza Constitución y Estación Retiro, durante noviembre de 2019. Este consistió en la aplicación de un cuestionario conformado por treinta y cuatro preguntas que tuvo por objetivo construir una caracterización socio-laboral del sector. Se relevaron ochenta y dos casos bajo la técnica de muestreo no probabilístico. Es decir que lo que se buscó no fue extrapolar los resultados al conjunto de la población, sino dar cuenta de la mayor heterogeneidad posible en las zonas escogidas[5]. Concretamente, el relevamiento consistió en una recorrida por las principales vías en las cuales se ubican los vendedores: las avenidas Rivadavia y Pueyrredón y la Plaza Miserere, en el caso de Once (cuarenta y cinco casos); la avenida Brasil y la calle Lima, en el caso de Constitución veinticinco casos), y el cruce de la avenida Mujica y Ramos Mejía y la avenida Gendarmería Nacional (a la altura de la entrada de la Villa 31), en Retiro (doce casos). Los cuestionarios se aplicaron en tres jornadas mientras los/as vendedores/as se encontraban trabajando, por lo cual en muchas ocasiones se producían interrupciones por la aproximación de algún cliente o bien porque se corría la voz de que estaba por realizarse una fiscalización y se tornaba imperioso levantar el puesto.

En segundo lugar, llevamos a cabo tres grupos focales durante noviembre de 2019 con el objetivo de conocer la mirada de los propios

---

5   La elección de las zonas estuvo asociada al trabajo previo de registro de trabajadores de la economía popular realizado por el equipo del Programa de Trabajo y Economía Popular perteneciente al Ministerio Público de la Defensa de la CABA (MPD). El vínculo construido con referentes de las organizaciones de representación del sector, junto a la identificación del equipo como parte del MPD a través de la utilización de pecheras de los integrantes que participaron del trabajo, fueron clave para acceder al campo y aplicar el instrumento de relevamiento.

actores sobre su trabajo, así como las estrategias y recursos que despliegan, individual y colectivamente, para ganarse la vida y enfrentar las principales problemáticas que identifican como parte de su quehacer cotidiano en la calle. Para eso exploramos sus trayectorias laborales, las relaciones que establecen con otros comerciantes de la zona, clientes, proveedores de la mercadería que comercializan, con otros/as vendedores/as y organizaciones de representación del sector y con el Estado nacional y local, tanto por sus intervenciones sociales, como por ser objeto del accionar represivo de las fuerzas de seguridad y del ordenamiento del espacio público. Intentamos conocer cuáles son los principales problemas o dificultades en su trabajo y qué políticas o regulaciones específicas podrían contribuir a mejorar sus condiciones laborales y garantizar el acceso a sus derechos ciudadanos, tales como seguridad, respeto, protección social, no discriminación, entre otros.

En tercer lugar, a pocas semanas de decretadas las medidas de ASPO, llevamos a cabo una serie de entrevistas telefónicas a referentes/as de distintos grupos de vendedores/as, así como de trabajadores/as estatales vinculados/as a la actividad que nos permitieron conocer las problemáticas centrales que estaban atravesando estos/as trabajadores/as durante la pandemia.

En cuarto lugar, durante el segundo semestre de 2021 llevamos a cabo diez entrevistas semi-estructuradas a trabajadores/as del barrio de Once. De nuestros/as entrevistados/as siete fueron mujeres y cuatro varones, con una edad promedio de treinta y cinco años (la mayoría tenía entre treinta y cinco y cincuenta y cinco años y solo uno dieciocho años, al momento de realizar las entrevistas). La casi totalidad posee bajos niveles de instrucción formal y reside en los barrios aledaños a su zona de trabajo, en hoteles familiares o piezas subalquiladas de manera informal en departamentos. En su totalidad se trató de migrantes peruanos, aunque con diversas trayectorias de residencia en el país, siendo que la mayoría tenía al menos diez años viviendo en Argentina. La condición migrante se vincula a la importante presencia de colectivos de diversas nacionalidades que se dedican a la venta callejera en esta y otras zonas de la ciudad, entre los cuales los/as peruanos/as y senegaleses/as son quienes tienen mayor incidencia. Asimismo, estos/as trabajadores/as contaban en su mayoría con experiencias previas de trabajo en el oficio, en ocasiones vinculadas al trabajo familiar en el cual participaron durante su infancia. A estas experiencias se añade también una larga trayectoria de trabajo en la calle –en promedio de quince años–, lo cual da cuenta de la centralidad que tiene la venta callejera en sus estrategias laborales, siendo que esta suele ser además su única ocupación o bien aquella que genera mayores ingresos.

El acceso al campo estuvo determinado por los vínculos previamente establecidos entre el equipo de investigación y una de las principales organizaciones de representación del sector, denominada Vendedores Ambulantes Independientes de Once (VAIO), la cual se encuentra nucleada en la Unión de Trabajadores de la Economía Popular (UTEP). De ahí la totalidad de nuestros/as entrevistados/as de esta cuarta etapa pertenece a dicha agrupación, aunque con diferencias en los grados de responsabilidad asumidos y antigüedad en la participación. A la par de ello, entrevistamos también a referentes/as de VAIO y participamos de asambleas, ollas populares y movilizaciones que los/as trabajadores/as realizaron en el período del trabajo de campo.

Finalmente, hemos recurrido al análisis de fuentes documentales entre las cuales se destacan legislaciones de distintos ámbitos de aplicación, tanto nacionales como internacionales, notas periodísticas y artículos científicos, ponencias y tesis de especialistas en la temática.

En cuanto a los/as trabajadores/as de las plataformas de reparto, las primeras indagaciones y relevamientos se llevaron a cabo durante 2019 y estuvieron orientadas a identificar las problemáticas que caracterizan a las condiciones laborales de los repartidores/as, concentrándonos en los casos de las empresas Glovo y Rappi, que habían comenzado a operar durante 2018 en varias ciudades argentinas. Se realizó una investigación basada en veinte entrevistas semiestructuradas a repartidores/as de la ciudad de La Plata, análisis de foros y redes sociales, observaciones de campo y relevamiento de prensa. En aquella primera etapa exploratoria se analizó la situación en el empleo de los repartidores/as, en lo que se refiere a la relación entre la plataforma y su papel como empleador y a la falta de reconocimiento de estos en su carácter de trabajadores. A partir de una visión de conjunto, describimos condiciones laborales que caracterizamos como preocupantes ya que reflejaban el trato injusto que reciben los/as trabajadores/as de plataformas de *delivery*. Se analizó también la naturaleza de la gestión algorítmica y su impacto sobre la organización del trabajo y se plantearon una serie de primeros interrogantes sobre las dificultades que encuentran los repartidores para organizarse de manera colectiva. A la par de ello construimos un primer mapeo de las estrategias desplegadas por estos/as trabajadores/as para hacer oír sus reclamos, a través de la realización de entrevistas a activistas y referentes del sector. Muchas de esas primeras indagaciones se retoman en varios de los Capítulos de este libro.

En una segunda etapa de nuestro trabajo de investigación, la atención estuvo puesta en quienes hicieron frente a las dificultades planteadas por las distintas etapas de confinamiento, viviendo y trabajando en la Zona Sur del Gran Buenos Aires. El trabajo de campo se llevó a cabo en el contexto de la pandemia de Covid-19 durante el primer y segundo semestre de 2021, cuando todavía era complejo realizar entrevistas "cara a cara". Para establecer los primeros contactos visitamos lugares que suelen frecuentar los/as repartidores/as (esquinas, locales de comida rápida, restaurantes) donde distribuimos información sobre nuestra investigación, mientras que, en paralelo, se inició una convocatoria "online" a través de redes sociales (páginas y/o grupos de Facebook) de los/as propios trabajadores/as. La metodología consistió en observaciones presenciales durante las cuales realizamos encuestas breves "a pie de calle" y en entrevistas semiestructuradas a repartidores/as del AMBA, que fueron realizadas por videollamadas. En un primer grupo de doce entrevistas se indagó sobre el trabajo en las plataformas de reparto –Rappi y PedidosYa– durante los meses del aislamiento obligatorio, sobre las condiciones de trabajo y sobre la política de las empresas de plataformas hacia sus trabajadores/as, preguntamos también sobre el posicionamiento de los/as repartidores/as en relación con la sindicalización, sobre sus expectativas a futuro y sobre las ventajas y desventajas que atribuían a su trabajo. En un segundo grupo de veinte entrevistas las indagaciones se dirigieron a las trayectorias laborales de quienes durante la pandemia encontraron en el trabajo de las plataformas de reparto su actividad principal y a conocer el amplio abanico de circunstancias constitutivas del trabajo y la vida de los/as repartidores/as antes y durante la pandemia.

En total, se entrevistaron a veintiséis hombres –tres de ellos de nacionalidad venezolana– y seis mujeres, todos/as con secundario completo. Solamente seis de los treinta y dos entrevistados/as estaban casados, el resto estaba en pareja o eran solteros y mayoritariamente compartían casa con alguien más (madre, padre, abuelos/as, hermanos/as, tíos/as, esposos/ as, hijos/as). Los/as repartidores/as trabajaban en zona sur (Quilmes, Berazategui) y zona oeste (Morón, Castelar), localidades en las que PedidosYa es la plataforma más utilizada, solamente ocho repartidores/as trabajaban en CABA donde Rappi tiene mayor alcance. De todas formas, una estrategia común entre los *riders* es el uso combinado de ambas plataformas. La mayoría de los/as entrevistados/as (veintidós de treinta y dos repartidores/as), tenían una antigüedad aproximada de un año y habían comenzada a trabajar en la actividad durante 2020, el resto ya se dedicaba a la actividad antes de la pandemia. Al momento de las entrevistas únicamente seis trabajadores/as contaban con una ocupación principal que complementaban con la actividad de reparto y habían comenzado a trabajar para Rappi o PedidosYa debido a que sus trabajos se vieron afectados de alguna manera por el aislamiento. Mayoritariamente, los/as otros/as entrevistados/as trabajaban exclusivamente en las plataformas de reparto debido a que habían perdido su empleo a causa de la pandemia (veinte de veintiséis).

En cuanto a las trayectorias laborales previas al trabajo en Rappi y PedidosYa, la mayoría de los/as entrevistados/as trabajaba en sectores económicos signados por niveles de elevada precariedad. Las actividades más mencionadas fueron la gastronomía, los servicios y el comercio. Según los relatos de los riders, hubo quienes trabajaron por largos períodos en restaurantes y casas de comidas, en la atención a clientes en comercios de barrio, o en empresas de servicios como trabajadores/as tercerizados/as. En su mayoría realizaban estos trabajos de forma no registrada, tal y como ellos/as mismos lo refieren "en negro", soportando condiciones de trabajo difíciles, largas jornadas de trabajo y sueldos bajos que no alcanzaban para satisfacer sus necesidades. Esta circunstancia fue uno de los motivos que los llevó a valorar de manera positiva y como "una oportunidad" al trabajo de plataformas. En general, las experiencias laborales prepandémicas de los/as trabajadores/as que compartieron con nosotros sus relatos se caracterizan por combinar malas condiciones de trabajo, etapas de desempleo e inactividad, y contratos atípicos en el sector informal de la economía. Solamente quienes contaban con trayectorias laborales en el sector formal describieron que las condiciones laborales previas eran relativamente mejores que las de las aplicaciones de reparto y fueron quienes sintieron la pandemia como un quiebre en términos de perdida de "seguridad" y "estabilidad". En los Capítulos correspondientes, profundizaremos en estas diferencias y en las experiencias laborales divergentes que las mismas conllevan.

Asimismo, en esta etapa de la investigación volvimos a dirigir nuestra atención a las estrategias de acción y organización implementadas por los riders, en esta oportunidad, recurrimos al método de la etnografía virtual ya que los/as trabajadores/as de las apps de reparto utilizan sostenidamente redes sociales como Facebook e Instagram y grupos de WhatsApp para mantenerse movilizados e informados. En articulación con las entrevistas, la observación de las interacciones virtuales permitió mapear el nacimiento de nuevas necesidades y demandas y las formas de organización específicas que plantearon estos/as trabajadores/as "esenciales" durante los distintos ciclos de aislamiento y distanciamiento social. Avanzamos también en la exploración de otro tipo de experiencias organizativas que existen en el sector de plataformas y que apuntan a la construcción de organizaciones de carácter asociativo y autogestivo para el desarrollo de la actividad. En relación con este aspecto, a mediados de 2023 realizamos una extensa entrevista con un socio fundador y principal referente de la Federación Argentina de Cooperativas de Trabajo de Tecnología, Innovación y Conocimiento (Facttic) que hoy impulsa CoopCycle Latinoamérica, una federación de cooperativas de reparto de bicicleta, basada en la experiencia de Coopcycle Francia que apunta a la incorporación más justa de las tecnologías digitales en el mundo del trabajo.

PARTE I

La venta callejera y el trabajo en plataformas de reparto en el Área Metropolitana de Buenos Aires

Esta primera parte, organizada en dos Capítulos, presenta de manera analítica una caracterización de las dos actividades que son objeto de estudio en este libro.

El primero de ellos aborda la venta callejera a partir de las particularidades que asume en la Ciudad Autónoma de Buenos Aires. Presente en nuestro país desde hace más de dos siglos, la actividad ha sufrido diversas modificaciones a lo largo de la historia, dadas por cambios en sus condiciones de ejercicio, la cantidad, composición y trayectorias de la población que la realiza y las políticas y regulaciones que la rigen, entre otras cuestiones. En los últimos años, y a la par de la crisis del mercado de trabajo –expresada en una creciente precariedad laboral, elevadas y sostenidas tasas de informalidad y bajos ingresos– la actividad ha cobrado mayor presencia en el espacio urbano. La venta callejera no cuenta con un reconocimiento pleno en tanto trabajo –al menos deseable y legítimo– y quienes a ella se dedican están atravesados/as por altos niveles de precarización y desprotección laboral. Por su parte, las intervenciones estatales en el ámbito porteño, asentadas en lógicas de criminalización y persecución de estos/as trabajadores/as, se han caracterizado por el despliegue de prácticas represivas llevadas a cabo por los agentes de las fuerzas de seguridad y los funcionarios que trabajan en la órbita de regulación y uso del espacio público.

El segundo Capítulo aborda una de las ocupaciones que ha tenido mayor crecimiento en el último lustro, de la mano de la expansión y desarrollo de nuevas tecnologías digitales: el trabajo en las plataformas de reparto. Puntualmente, se presentan las características que asume la actividad en Ciudad de Buenos Aires y en la zona sur del Conurbano Bonaerense. El alcance de las plataformas digitales de empleo ha crecido exponencialmente a partir de los avances tecnológicos que les permiten concentrar una capacidad hasta hace poco desconocida para conectar a las empresas y los clientes con los trabajadores. Esta inédita posibilidad produce transformaciones en las condiciones generales de trabajo y en las relaciones laborales. Resulta entonces de particular interés considerar las implicancias de esta nueva forma de trabajo con relación a las trayectorias laborales y sociodemográficas de quienes se dedican a la actividad. Como trabajadores/as de un trabajo "clásico" resignificado a partir de la incorporación de tecnológicas "modernas", los –así llamados– *riders* constituyen una de las principales expresiones de un nuevo modelo de negocio asentado en la articulación entre procesos de digitalización y automatización y nuevas formas de precarización del trabajo basadas en el desconocimiento por parte de las empresas de plataformas de sus obligaciones frente a los/as trabajadores. En las plataformas de reparto, la falta de relación laboral clara permite la creación de trabajos temporales en condiciones de precariedad caracterizados por la incertidumbre acerca de las condiciones de trabajo, por la imprevisibilidad y por la inseguridad laboral. Mientras tanto, las plataformas de reparto se encuentran en una "laguna legal" sin que se sepa con claridad cuál es la normativa aplicable que regula dichos servicios, si estos deben constituirse en verdaderos contratos de trabajo regidos por la Ley de Contrato de Trabajo (LCT), o si son simplemente meros contratos comerciales.

Si bien ambos casos se presentan por separado, la caracterización de las actividades y los sujetos que a ellas se dedican contemplan dimensiones de análisis comunes, siendo estas las que organizan los escritos. Así, los Capítulos 1 y 2 buscan dar cuenta de los principales aspectos socio-demográficos de quienes componen estas ocupaciones, sus trayectorias laborales, el lugar que ocupan estos trabajos en sus estrategias laborales, las características que asumen las condiciones laborales y la organización del trabajo y los principales actores y regulaciones que participan y rigen las relaciones laborales en ambas actividades. En este marco, nos interesa destacar las distintas formas e intensidades que asume la precariedad laboral como uno de los puntos centrales de confluencia entre estas actividades, dada por la inestabilidad, la vulnerabilidad, los bajos ingresos y la baja accesibilidad de ambos grupos a prestaciones y beneficios sociales.

CAPÍTULO 1

"El segundo oficio más viejo del mundo": un acercamiento a la venta callejera en la Ciudad de Buenos Aires

Johanna Maldovan Bonelli

En los últimos años, la venta callejera fue cobrando visibilidad en el espacio urbano, a partir de constituirse en una de las principales estrategias laborales de una parte importante de los sectores populares frente a la creciente precariedad del mercado de trabajo que atraviesa a la región –y a la Argentina en particular– desde mediados de la década del setenta. En la Ciudad de Buenos Aires, la actividad tiene algunas connotaciones específicas, que emergen centralmente de: el lugar que la ciudad ocupa en el país en términos geográficos, políticos y económicos, el entramado de actores que se vinculan a su ejercicio, los conflictos de intereses puestos en juego en torno al desarrollo del comercio y el uso del espacio público y el particular devenir del marco regulatorio local.

La venta callejera es, en palabras de nuestros/as entrevistados/as, "el segundo oficio más viejo del mundo", una actividad que existe "en todo el mundo", en tanto que ser vendedor/a es "parte de una cultura". Sin embargo, ni la antigüedad del oficio, ni su existencia como estrategia de obtención de ingresos a nivel global, parecen ser condiciones suficientes para su reconocimiento pleno como un trabajo –al menos deseable y legítimo– ni para limitar las prácticas gubernamentales represivas que suelen signar a las distintas intervenciones estatales, tanto en Argentina como en otros países del mundo, con la salvedad de algunos casos en los cuales las regulaciones establecidas colocan como primordial el derecho a trabajar de quienes se dedican a esta actividad. Al respecto, nuestro punto de partida se centra en la consideración de los y las vendedoras como trabajadores. Esta concepción no es menor ya que, como veremos, el enfoque adoptado –sea este u otro– tiene importantes implicancias en cómo se propone la intervención del Estado en la materia y juega un rol central en la fundamentación para legalizar la actividad (Perelman, 2013, 2014).

La venta en las calles es, a su vez, una actividad que involucra "relaciones laborales ampliadas" (De la Garza, 2012) en tanto que en su desarrollo participan múltiples actores e instituciones, entre los que se destacan comerciantes, distintos agentes y funcionarios estatales, organizaciones sociales, sindicatos, vecinos/as con diversos grados de organización y los/as trabajadores/as que se dedican a la actividad. A la heterogeneidad que caracteriza al mundo de la venta callejera (en términos de lo que se vende, los permisos y habilitaciones, las formas o no de registro y formalización, las relaciones laborales y las características socio-demográficas de los trabajadores) se suma una multiplicidad de zonas grises en las relaciones comerciales, las formas de control, fiscalización y consumo que se construyen en torno a esta. Mientras algunos vendedores y vendedoras trabajan de manera independiente y producen la mercancía que venden, otros/as son asalariados/as informales o bien se encuentran atados/as a relaciones laborales encubiertas.

La venta callejera se entrelaza también, en ocasiones, con las estrategias de comercialización y distribución de productos de grandes empresas que encuentran en estos circuitos otra vía para colocar sus bienes en el mercado, o bien como un espacio de venta de mercadería defectuosa o falsificada. Asimismo, los niveles de formalidad de quienes operan como proveedores de mercadería son variables, muchos entregan productos sin factura o no tienen a sus empleados/as registrados/as. En tal sentido gran parte de los mercados populares forman parte de una economía popular globalizada, en tanto que constituyen nodos de circulación mundial de mercancías (muchas de ellas falsificaciones) basados en densas redes comerciales que tienen a China, como principal –pero no únicamente– centro de producción (Wilkis, 2013). En el marco de estas tensiones y articulaciones entre "lo formal" y "lo informal" no debe dejarse de lado el papel de los consumidores y el rol que ocupa la venta callejera en la generación de mercados más asequibles para el consumo de sectores que, de otra manera, no podrían acceder a ciertos bienes. Por otra parte, el análisis de estos entramados que articulan trayectorias migratorias y socio-laborales diversas con complejas cadenas productivas y de comercialización tiene una dimensión transversal: la concepción que los gobiernos nacionales y locales tengan acerca del uso del espacio público (De Santibañes, 2017). Así, una primera aproximación al mapa de actores que forman parte del mundo de la venta callejera permite dar cuenta de las complejidades que supone el par formal-informal para pensar y abordar el sector, así como otras actividades que se desarrollan en la vía pública (Maldovan Bonelli, 2018).

De aquí en más, y partiendo de estas primeras consideraciones, en este Capítulo nos abocaremos a dar cuenta de las características de la población que se dedica a la actividad en la ciudad teniendo en cuenta los principales aspectos socio-demográficos, sus trayectorias laborales, estrategias, formas de organización y condiciones de trabajo. A partir de allí analizaremos las normativas vigentes que regulan a la venta callejera en la ciudad de Buenos Aires, sus principales antecedentes y los supuestos y actores presentes en la disputa por su regularización.

¿Quiénes son los/as vendedores/as callejeros/as?

Los datos de un relevamiento que llevamos a cabo a finales de 2019 –cuya base metodológica se especifica en la introducción de este libro– dieron como resultado que, entre quienes trabajan en la ciudad hay una importante presencia de población adulta, mayor cantidad de varones y una fuerte preeminencia de extranjeros/as, de los/as cuales cerca de la mitad arribó al país en los últimos diez años.

En esta instancia encuestamos ochenta y dos (82) trabajadores/as de los cuales un 41,5% (34) fueron mujeres y un 58,5% (48) varones, en un rango de edad de entre veinte y sesenta y nueve años. El promedio de edad de nuestros encuestados es de 39 años. Tres cuartas partes son mayores de treinta y dos años y apenas un cuarto tiene entre veinte y treinta años. Si bien, como hemos mencionado, no se trató de una muestra representativa, consideramos que esta situación refleja en buena medida lo que sucede en la venta callejera, en donde la presencia de jóvenes no es tan habitual, como sí lo es la de personas adultas y mayores, algunos de ellos con algún tipo de discapacidad o movilidad reducida que dificulta sus posibilidades de inserción laboral.

En relación con la nacionalidad, un 23% son argentinos/as, 29% peruanos/as, 21% senegaleses, 8% paraguayos, 6% bolivianos/as y el resto (salvo un caso proveniente de Costa de Marfil), provienen de otros países latinoamericanos (Ecuador, Venezuela, República Dominicana y Uruguay). Es decir, el 77% son de nacionalidad extranjera. Dentro del universo de migrantes alrededor de un 80% llegó al país luego del año 2001 y, entre ellos, cerca de la mitad lo hizo durante la última década. El cruce entre nacionalidad y año de llegada al país muestra claramente cómo los senegaleses, venezolanos/as y dominicanos/as, corresponden a la mayoría de los llegados recientemente (arribados en los últimos tres años), mientras que bolivianos/as, peruanos/as y uruguayos son migrantes con mayor antigüedad. La relación entre nacionalidad y género da cuenta de una presencia importante de mujeres entre las colectividades peruana, paraguaya, dominicana y boliviana y de varones entre los senegaleses, argentinos y peruanos.

En cuanto al nivel educativo, poco menos del 20% apenas ha cursado –y en algunos casos completado– el nivel primario. Un cuarto comenzó los estudios secundarios y otro cuarto lo ha finalizado. Finalmente, un 10% inició y/o finalizó estudios superiores. El 15% restante corresponde a la población senegalesa que ha transitado alguna instancia de educación formal religiosa en su país de origen.

La gran mayoría de los/as vendedores/as vive en la ciudad, en hoteles o pensiones donde suelen compartir habitaciones con otros/as vendedores/as o con sus familias y se encuentran ubicados en las zonas cercanas a los espacios de trabajo. Al respecto nuestros datos muestran que el 81% de los encuestados/as reside en CABA, principalmente en la zona centro sur que abarca barrios como Once, Congreso, Balvanera y Constitución, entre los principales, y algunos de ellos en la zona de la Villa 31, en Retiro. El resto, habita en su mayoría en el sur del conurbano bonaerense. Estas ubicaciones se vinculan fundamentalmente a los lugares donde hemos realizado las encuestas y nos permiten ver que en su gran mayoría estos/as trabajadores/as viven en las cercanías de donde trabajan.

Poco más de la mitad (54%) habita en hogares con tres miembros o menos (un 18% corresponde a hogares unipersonales, 14% a hogares con dos miembros y 22% con tres miembros), alrededor de un tercio (34%) en hogares de entre cuatro y seis integrantes (distribuido de manera uniforme entre las tres categorías), y el resto en hogares con más de siete integrantes. Asimismo, una amplia mayoría declara no tener hijos/as menores de catorce años o, si los tienen, no forman parte de su hogar. En este caso cabe considerar la condición migrante de varios/as de estos/as trabajadores/as que durante el trabajo de campo nos comentaron que sus hijos/as residían en sus países de origen. Esta situación se acentúa principalmente en el caso de los/as migrantes recientes y fundamentalmente de los/as senegaleses. En los casos en los cuales se declara la presencia de niños/as menores de catorce años en el hogar, la escuela aparece como el principal espacio de cuidado (alrededor del 45% de los casos), secundado por el cuidado materno y de otros/as familiares como hermanos/as, padres, tíos/as y abuelos/as.

En lo que respecta a las trayectorias ocupacionales, en los diferentes relevamientos que realizamos aparecieron con frecuencia relatos de ex asalariados/as y trabajadores/as de oficio –en algunos casos con algún nivel de calificación– que luego de ser despedidos/as "optaron" por trabajar en la calle. Entre quienes transitaron por trabajos en relación de dependencia suelen haberlo hecho en pequeños comercios o fábricas, tales como talleres textiles, lavaderos, quioscos, casas de comida y –fundamentalmente en el caso de las mujeres– en casas particulares haciendo tareas de cuidado y limpieza. En términos generales nuestros/as entrevistados/as refieren a estas experiencias como sumamente precarias, atravesadas por "muchísima explotación", por largas jornadas de trabajo –"trabajábamos en negro, eran doce horas de trabajo con dos francos al mes"– y magros salarios. Asimismo, y más allá de cierta heterogeneidad en las trayectorias relevadas, gran parte de los/as vendedores/as tuvieron alguna experiencia de venta en la calle con sus familias, acompañando a sus madres o padres a vender cuando eran niños/as.

Así, salvo en los pocos casos en los cuales el ingreso a la actividad se dio como una continuidad del "oficio familiar", el resto de los/as vendedores/as que entrevistamos comenzó a vender en la calle ante la ausencia de otras posibilidades laborales que ofrecieran condiciones dignas –"me sentí re mal", "me fui por falta de pago", "me despidieron indiscriminadamente"– o bien frente a las situaciones personales vividas: la enfermedad, la organización del cuidado, la discapacidad. En tal sentido, la venta callejera aparece no solo como una de las últimas opciones a las cuales acudir, sino también como una oportunidad para garantizar la reproducción de la vida ante un mercado de trabajo cada vez más precarizado, que no contempla la organización cotidiana de la vida en situaciones heterogéneas y que se caracteriza por una estructura cada vez más polarizada. Que, a su vez, deja por fuera a quienes no se consideran aptos para trabajar, a pesar de sus capacidades y experiencias. El mercado de trabajo se organiza bajo diversas lógicas excluyentes que se profundizan en las poblaciones de mayor edad, las mujeres, aquellos/as con menores credenciales educativas y más aún, en quienes padecen algún problema crónico de salud o son migrantes. Cuando las ofrece, en general suele hacerlo bajo condiciones de suma precariedad y altos niveles de explotación (Maldovan Bonelli y Hopp, 2021).

De ahí que el ingreso a la venta callejera es entendido por estos/as trabajadores/as como una "decisión" (siempre condicionada por las limitaciones objetivas) y valorizada en términos positivos frente a otras posibilidades para garantizar la supervivencia. Y, si bien las definiciones y experiencias de nuestros/as entrevistados/as son dispares, ninguno/a duda al momento de definir a la actividad como un trabajo, aquello a lo que se "dedican", que estructura su vida y que les permite acceder a un ingreso para garantizar su reproducción cotidiana. Al respecto, para la casi totalidad de los/as trabajadores/as que encuestamos y entrevistamos la venta en la vía pública es su ocupación principal, es decir, aquella que genera mayores ingresos. Asimismo, la mayoría tampoco realiza otros trabajos (cerca del 90%), lo cual da cuenta del lugar central que ocupa la actividad en sus vidas. Quienes además de vender, realizan alguna otra actividad, recurren a "changas", principalmente ligadas a las tareas de construcción, albañilería y pintura en el caso de los varones, y de cuidado de niños/as y adultos mayores o de limpieza, las mujeres. Es decir, en sectores tradicional y fuertemente masculinizados –en el primer caso– y feminizados –en el segundo–, ambos caracterizados por altos niveles de informalidad, inestabilidad y bajos ingresos.

El papel central de la venta en las estrategias laborales puede vincularse también al tiempo de permanencia en la actividad. Al respecto, más de la mitad de nuestros/as entrevistados/as lleva trabajando en la venta callejera más de seis años (54%), 22% entre tres y cinco años, 12% entre uno y dos años y alrededor de un 12% tiene menos de un año de antigüedad. Aun así, poco más de la mitad considera la venta ambulante como algo transitorio (55%), entre quienes el 64,4% son varones y el 35,6% mujeres[6].

Así, ante un contexto que cercena las posibilidades de inserción laboral –"...lo que yo busqué era un trabajo legal, y no lo tengo. No me queda opción"– o bien que ofrece condiciones de extrema precariedad, la autonomía que brinda el trabajo por cuenta propia aparece como un valor a resaltar. El "no depender de nadie" emerge de manera constante como uno de los aspectos más valorados de la actividad, en tanto que esta otorga la posibilidad de "manejar el tiempo", "decidir los propios horarios", "ser tu propio patrón". La decisión de trabajar en la calle no deja de estar ligada, sin embargo, a lo que sucede en el mercado laboral y la demanda de empleo existente para los sectores populares. Es lo que permite una salida frente a múltiples situaciones de exclusión, frente a

---

6 En todas las categorías de antigüedad los/as trabajadores/as consideran en mayor proporción a su actividad como transitoria, salvo en aquellos que llevan más de diez años trabajando en la vía pública. Dentro de quienes piensan que éste es un trabajo transitorio, un tercio corresponde a los que tienen dos años o menos de antigüedad, alrededor de un cuarto a quienes tienen entre tres y cinco años y cerca de un 43% a personas con más de seis años en el oficio. Por otra parte, los que consideran su actividad como permanente son en su gran mayoría aquellos/as que llevan más de seis años trabajando (65%), cerca del 20% corresponden a quienes tienen entre tres y cinco años de antigüedad y el 15% restante a los/as trabajadores/as más recientes.

la imposibilidad de insertarse en empleos de calidad –registrados, con salarios dignos y protecciones sociales–.

Si bien el acercamiento a la venta ambulante suele darse ante la falta de otras oportunidades laborales, ante esta situación los/as vendedores/as van construyendo un conjunto de sentidos que revalorizan su tarea y las posibilidades que esta brinda. Esta revalorización se sustenta en diversas argumentaciones, tales como el importante esfuerzo comprometido en garantizar la propia reproducción y en adquirir un oficio, lo cual implica aprender cómo vender, qué comprar, cómo conseguir y fidelizar clientes, cómo gastar e invertir el dinero, cómo gestionar el tiempo, entre otras cuestiones. Asimismo, trabajar en la calle implica aprender a negociar y disputar con otros/as el uso del espacio público, con aquellos encargados de regularlo (la policía, los/as inspectores de espacio público), con quienes compiten por su utilización (otros vendedores/as –formales e informales–) y con quienes circulan por él (siempre potenciales clientes). En otras palabras, aprender a "jugar las reglas del juego" (Bourdieu, 2011). De ahí que la venta ambulante es un trabajo que requiere de la puesta en juego de saberes, así como del desarrollo de estrategias para insertarse y sostenerse en un medio en el cual prácticamente no existen reglas institucionalizadas de organización. Y requiere, sobre todo, de "poner el cuerpo", "en la calle hay que estar", ya que se trabaja prácticamente todos los días de la semana, durante largas jornadas a cambio de ingresos que, en la mayoría de los casos, apenas superan el umbral de indigencia y sin tener acceso a ninguna prestación social o derecho laboral.

Sumado a ello, la exposición a las inclemencias climáticas, la dificultad de acceso a cuestiones básicas (como dónde ir al baño, dónde comer o cómo tener la posibilidad de sentarse o descansar un momento), la discriminación, los robos y, fundamentalmente los abusos de las fuerzas de seguridad y de los inspectores de Espacio Público, colocan a este colectivo en una situación de suma vulnerabilidad.

Organización y condiciones del trabajo

Respecto a las relaciones laborales, la amplia mayoría de quienes encuestamos y entrevistamos trabajan de manera autónoma. Esto es, sin patrón y sin emplear a otros/as trabajadores/as. De quienes declaran trabajar en relación de dependencia (ocho casos) el 90% son mujeres, el 62,5% trabajan en el barrio de Retiro, un 25% en Constitución y el resto en Once. Asimismo, cerca del 90% de este sub-universo vende comidas elaboradas y el porcentaje restante productos frescos.

La inexistencia de una relación capital trabajo, no implica, sin embargo, la ausencia de rutinas y de una determinada organización cotidiana del trabajo. La mitad de nuestros/as encuestados/as trabaja todos los días de la semana, un 35% lo hace seis días a la semana (generalmente de lunes a sábados) y el resto entre tres y cuatro días. Por otra parte, poco más de la mitad ganaba al momento de realizar el trabajo de campo (deduciendo costos) menos de $600 al día, en jornadas de un promedio de duración de nueve horas diarias. Al respecto, alrededor de un 35% trabaja entre seis y ocho horas diarias mientras que el 75% restante lo hace en jornadas que duran entre ocho y hasta quince horas. Tomando los promedios de ingresos percibidos y horas de trabajo podemos estimar que un/a vendedor/a ganaba a finales del 2019, en promedio, $66,6 la hora. Considerando una jornada de nueve horas diarias y seis días a la semana el ingreso percibido era de $3600 semanales y $14.400 mensuales. Un valor menor al Salario Mínimo, Vital y Móvil que a partir de septiembre de 2019 se estableció en $16.875. Para el mismo período, el INDEC fijó el monto de la Canasta Básica Alimentaria (aquella que mide la línea de indigencia) para un hogar de cuatro miembros (dos adultos y dos menores) en $13.913,90 y la Canasta Básica Total (que delimita la línea de pobreza) en $34.784,75. Sumado a los bajos ingresos, solo uno de los/as trabajadores/as relevados/as afirmó que se encontraba inscripto en el régimen simplificado de tributación –el monotributo– a través del cual accedía a una obra social y a aportes jubilatorios. Del resto, ninguno/a contaba con estas prestaciones. La informalidad de las condiciones de trabajo y de vida de estos trabajadores/as se puede observar en las relaciones que establecen con el Estado y la desprotección en la que se encuentran. Como veremos en el Capítulo 5 de este libro, la omisión de la política pública y la falta de reconocimiento como trabajadores/as contribuye a la criminalización de quienes se dedican al comercio en la vía pública, frente a lo cual se han ido desplegando procesos de organización tendientes a afrontar esta situación de manera colectiva.

Otra de las características a destacar es la tendencia a trabajar siempre en los mismos territorios. Así, una amplia mayoría trabaja siempre en la misma zona (casi el 80%). Cuando rotan, lo hacen generalmente por las zonas de tránsito ligadas a la localización de estaciones de tren cercanas que se constituyen en puntos neurálgicos para la venta –como Once y Constitución– o bien en zonas comerciales de alto tránsito –como la calle Avellaneda en Flores y el Microcentro– o bien en ferias y mercados ubicados generalmente en el conurbano bonaerense –como la Salada, o las ferias de Florencio Varela, Moreno o Paso del Rey–. Nuevamente,

cabe resaltar que por las propias áreas donde se realizó nuestro relevamiento –vinculadas con las zonas donde estos/as trabajadores/as viven–
los flujos de movimiento aparecen más fuertemente en los espacios del
corredor que abarca las zonas centro, norte y sur de la CABA y el sur
del Gran Buenos Aires.

En cuanto a las modalidades de organización y las formas de acceder
al espacio para trabajar, solo un tercio tiene un puesto fijo, el resto se
considera ambulante. En este caso, "circular" es una de las máximas
para poder garantizar el trabajo, cuestiones como "ir liviano" "no llevar
demasiada mercadería encima" y "estar preparado" en caso de que "llegue
Espacio Público o la policía", son estrategias centrales para salvaguar-
darse frente a las requisas y los arrestos aleatorios y se vinculan también
al particular devenir que han cobrado las normativas locales respecto a
la venta callejera. Para asegurarse un espacio disponible, un conjunto
significativo dice tener un acuerdo informal con otros/as vendedores/as
(alrededor de un 40%), mientras que otros tantos consideran que "llegar
temprano" es la mejor manera para garantizarse un lugar. En otros casos,
la antigüedad en el puesto garantiza un "derecho de piso" o bien hay
quienes optan por ubicarse simplemente "donde hay lugar". También
las peleas por el espacio entre los/as vendedores/as se mencionan como
frecuentes y más aún en épocas de crisis como las que atraviesa el país
en la actualidad, en la cual –según aseveran varios/as entrevistados/as– la
venta ambulante se ha multiplicado ante el incremento del desempleo y la
precarización laboral. Apenas dos personas respondieron que le pagaban
a alguien para que les cuide el espacio, sin especificar a quién y, ante la
consulta puntual de si deben pagarle a la policía o la municipalidad la
respuesta fue negativa en la totalidad de los casos.

Sobre las mercancías comercializadas, hemos relevado distintos
rubros. Si bien alrededor de un tercio vende principalmente ropa u otros
productos textiles, existe una amplia variedad de productos, tales como
alimentos frescos, alimentos preparados, tecnología, *bijouterie*, golosinas,
bebidas, helados y jugos (entre los principales). Asimismo, gran parte
de los/as vendedores/as varía los productos que vende en función de la
temporada (así en verano se incrementa la venta de bebidas y helados
y en invierno de guantes, bufandas y paraguas, por ejemplo, o bien se
intercala la ropa de venta por temporadas), de ciertas fechas especiales
como Navidad, Reyes, el Día del Niño o el Día de la Madre o de determinadas modas (productos vinculados a alguna película, juguetes, etc.).

En relación con los medios de trabajo, la mayoría no utiliza grandes
estructuras para armar su puesto. Apenas un 20% vende con un tablón de

madera, caballete o bien con un puesto de caños y cerca de otro 20%, lo hace con un carrito. Un 30% utiliza mantas, 20% cajas, bolsos, canastos, mochilas o heladeras de telgopor y alrededor de un 10% no tiene ningún medio de trabajo para exponer su mercadería. La gran mayoría es a su vez dueño de sus medios de trabajo (93%), mientras que quienes afirmaron que le prestan o los alquilan, son los/as que trabajan con carritos. Andar "livianos", "con poca mercadería" o armar "una mesa chiquita" es también parte de una estrategia que permite evitar la confiscación de mercadería, que implica "no hacerse ver", "no regalarse" y tener la posibilidad de retirarse lo antes posible ante la llegada de los controles.

En lo que respecta a las formas de obtención de la mercadería que se comercializa, poco más del 70% la compra de manera individual. La compra colectiva es una modalidad prácticamente inexistente en el sector, salvo en contadas ocasiones en las cuales las realizan entre familiares, vecinos/as o amigos/as que acuerdan vender lo mismo en lugares diferentes.

Quienes trabajan de manera asalariada reciben la mercadería del/a empleador/a y luego un pequeño porcentaje (12%) la produce individual o familiarmente (esto sucede principalmente con las comidas elaboradas, "marcianitos"[7] y algún tipo de producto de carácter más artesanal). Únicamente en dos casos se mencionó que para comprar la mercadería acceden primero a un préstamo de un "conocido" al que luego se le debe devolver el dinero sumándole alrededor de un 30% de interés.

Aproximadamente el 80% guarda la mercadería en su casa o habitación donde reside y estos espacios son en su gran mayoría alquilados. En algunas ocasiones, aunque de manera poco frecuente, los comerciantes de la zona les guardan la mercadería o bien comparten un espacio específicamente destinado al acopio. Cabe señalar que –de lo que se desprende del relevamiento, las entrevistas y de charlas con informantes clave– gran parte de los/as vendedores/as vive en hoteles familiares en los cuales comparten habitación con dos o tres personas, que muchas veces también se dedican a la venta en la vía pública. El costo por alquilar una habitación en este tipo de hoteles familiares o pensiones en la CABA ronda los ocho mil pesos ($8000), por lo cual el gasto en vivienda supone, para estos/as trabajadores/as, más del 50% de su ingreso mensual[8].

---

7   Refiere a los jugos de fruta helada (licuados con leche o agua) que se envasan en una bolsa plástica. Su nombre proviene de cómo se los conoce en Lima, Perú.

8   El monto máximo del subsidio habitacional que entrega el Gobierno de la Ciudad tiene ese valor como tope para un grupo familiar (o cinco mil pesos por individuo). En los últi-

A este conjunto de problemáticas sobre las condiciones de trabajo, dada por los bajos ingresos, las largas jornadas laborales y la completa desprotección en términos de acceso a la salud y seguridad social se suman otras cuestiones que en el sector aparecen de manera recurrente. En primer lugar, un 72% declara haber tenido algún problema con las fuerzas de seguridad durante el desarrollo de sus tareas. Alrededor del 14% afirma haber tenido dificultades con otros/as vendedores/as y un 8% expresa haber vivido algún conflicto con los comerciantes o los transeúntes en su zona de trabajo. Cabe mencionar, que quienes se refirieron a otros actores, mencionaron de manera casi unánime los problemas con los inspectores de Espacio Público, debido principalmente a las requisas y confiscación de mercadería que sufren reiteradamente y que son realizadas generalmente de la mano de hechos represivos violentos por parte de la policía de la Ciudad y que en ocasiones terminan en detenciones.

A esta situación se añade que cerca del 80% de los/as encuestados/as considera que el principal riesgo de su trabajo se vincula a los abusos de las fuerzas de seguridad, seguido por el cansancio físico (50%), la exposición a las inclemencias climáticas (40%), los bajos ingresos (30%), las situaciones de discriminación (22%) y, en menor medida los robos, las peleas por el acceso al espacio de trabajo (11%), los accidentes de tránsito (7,5%) y las situaciones de violencia de género (2,5%).

La preminencia que cobra el accionar de las fuerzas de seguridad en la delimitación de las estrategias laborales y las condiciones de trabajo de quienes se dedican a la venta callejera se explica en gran medida, por el particular entramado de actores que tienen presencia en la ciudad y cuyos intereses se encuentran en un conflicto permanente anclado en las distintas formas de concebir el uso del espacio público y los derechos sobre este de quienes habitan, transitan y trabajan en el territorio porteño. Una forma de abordar y comprender este conflicto es partir de las normativas que regulan la venta callejera, para lo cual, en el próximo apartado, presentaremos un breve recorrido histórico de las disposiciones legales vigentes y de los actores involucrados en su implementación.

---

mos años restringió su acceso únicamente a personas en situación de calle o que poseen una sentencia firme por desalojo.

Regulaciones y agentes de intervención: un breve *racconto* histórico

En la Ciudad de Buenos Aires el primer permiso otorgado al comercio callejero en puestos móviles se otorgó en 1774 y estuvo destinado a militares inválidos o retirados y a gente de bajos recursos. Para obtener dicho permiso los/as vendedores/as debían realizar un pequeño pago a los propietarios de las viviendas en cuyos frentes instalaban sus puestos (Moreno, 2004). La temprana regulación de la actividad marca la importancia que cobró el comercio callejero a lo largo de la historia argentina. Las lecturas sobre la vida de las clases populares urbanas en el país desde inicios del siglo XIX en adelante, así como la multiplicidad de relatos e imágenes existentes en torno a la vida social, económica, política y cultural del país dan cuenta de la presencia de los/as vendedores/as como un eslabón más del desarrollo de la vida cotidiana. En las diversas fuentes, emerge también una tensión históricamente presente en torno a los límites para el ejercicio de la actividad y las vías para su regulación, siendo esta más o menos prohibitiva en los distintos contextos. Las formas de abordaje estatal estuvieron signadas históricamente por el poder relativo de los distintos actores involucrados en la promoción o restricción de la actividad así como de los objetivos gubernamentales –explícitos e implícitos– en relación al control social de distintos grupos sociales, tal como sucedió con los/as niños/as de sectores populares en el siglo XIX (Aversa, 2016; Freidenraij, 2015) o bien como sucede con diversos grupos de migrantes en la actualidad (Pacecca, Canelo y Belcic, 2017).

El recorrido por los cambios establecidos en la legislación porteña de las últimas décadas da cuenta de los ejes y actores centrales que participan del conflicto en la actualidad. Al respecto, hacia mediados de los años ochenta se estableció la Ordenanza 41.084 (1986) –modificatoria de la Ordenanza 39.312 (1983)– en la cual se prohibía la venta en la vía pública, paseos o parques, a toda persona que no tuviera la autorización respectiva. A tal fin, se establecía el otorgamiento de permisos precarios –individuales e intransferibles– por un plazo máximo de seis meses, con la posibilidad de ser renovados. Dicha Ordenanza reconocía tres tipos de venta en la vía pública – "con ubicación fija e inamovible", "ambulante por cuenta propia" y "ambulante por cuenta de terceros" y establecía precisiones y limitaciones en torno a qué se puede vender, las horas de trabajo, la organización de los puestos en el espacio, su tipo y tamaño, las zonas habilitadas y prohibidas para la venta, los medios habilitados (bicicleta, carro, mochila), entre las principales cuestiones.

Asimismo, estipulaba un límite de cupos para la obtención de los permisos. Finalmente, otro de los puntos a destacar es la referencia al tipo de comportamiento y las normas a respetar por los/as vendedores/as durante el ejercicio de la actividad, tales como el uso de ropa de un determinado color y en "perfecto estado de higiene y conservación". Dicha ordenanza tuvo a los pocos años algunas modificaciones vinculadas a la eliminación de la categoría de venta "con ubicación fija e inamovible" y su reemplazo por la creación del "Mercado de las Pulgas" en el ex Mercado Dorrego "para el funcionamiento de un mercado de objetos varios" (Ordenanza 42723, 1988), entre las más importantes.

Durante la década del noventa, la reforma de la Constitución Argentina (1994) estableció en su artículo 129 que "la ciudad de Buenos Aires tendrá un régimen de gobierno autónomo con facultades propias de legislación y jurisdicción, y su jefe de gobierno será elegido directamente por el pueblo de la ciudad". Esta reforma dio paso a la elaboración de la Constitución de la Ciudad en 1995 y a la creación de una Justicia propia, aunque ella quedó subsumida a la justicia contencioso administrativa y la justicia contravencional, dejando bajo el ámbito nacional a los fueros civil, penal y laboral, entre otros. Uno de los cambios centrales que se estableció a partir de aquí fue la derogación de los edictos policiales, ampliamente criticados por distintos sectores debido a las potestades de control arbitrario y selectivo que otorgaban a la agencia policial (Tiscornia y Oliveira, 2004). Estos fueron reemplazados por la sanción del Código de Convivencia Urbana –también denominado Código Contravencional de la Ciudad– a principios de 1998, el cual sufrió diversas modificaciones en su texto original poco tiempo después de ser sancionado. A lo largo de las sucesivas modificaciones realizadas, entre las cuales la del 2004 fue una de las más sustantivas, se fue agudizando "la cara represiva" del Código, conllevando a que se generen "cada vez más problemas legales concretos en la medida en la que todo el tiempo se lo intenta utilizar o ampliar más allá de su jurisdicción legal real" (Aczel y Péchin, 2006, p. 5). El proyecto de esta reforma, presentado en el 2003 por la bancada macrista en conjunto con el por entonces bloque "Unión por Todos" bajo la conducción de Patricia Bullrich, contenía entre sus principales propuestas a "la disminución de la edad de imputabilidad de dieciocho a dieciséis años, la pena contra el ejercicio de la prostitución y el travestismo en la vía pública, así como contra los cortes de calles y las protestas, la reinstalación de nuevas figuras similares a las de acecho y merodeo, el endurecimiento de las sanciones y el establecimiento de penas mínimas y registro de reincidencia" (Eberhardt, 2007, p. 7), en un claro avance hacia la criminalización de los sectores populares y de la protesta. De aquí que la línea que orientaba la reforma "repercutía sobre la vida cotidiana de sectores populares o grupos marginados que aún experimentaban las consecuencias de las políticas económicas, impulsadas fuertemente en los noventa, las cuales habían originado altas tasas de desempleo, subempleo, precariedad laboral, pobreza e indigencia" (Boy, 2017, p. 108).

Al respecto de la venta ambulante, el artículo 83 del Código establecía que:

> No constituye contravención la venta ambulatoria en la vía pública o en transportes públicos de baratijas o artículos similares, artesanías y, en general, la venta de mera subsistencia que no impliquen una competencia desleal efectiva para con el comercio establecido, ni la actividad de los artistas callejeros en la medida que no exijan contraprestación pecuniaria.

La incorporación de la noción de "mera subsistencia" fue duramente criticada por algunos sectores del comercio, particularmente por aquellos nucleados en la Confederación Argentina de la Mediana Empresa (CAME). La disputa central entablada por la CAME se orientaba a lo que en sus términos implicaba garantizar "la eliminación efectiva de la competencia desleal que representaba la actividad de los "manteros" instalados en las veredas que antecedían los locales de estos comerciantes" (Rullansky, 2014, p. 296). Así, desde su óptica, quienes se dedican a la venta ambulante eran –y continúan siendo– caracterizados como "más mafiosos que incómodos, más intrusos que locales, más desleales que legales, indeseables que no parecieran ser susceptibles a un tipo de política de inclusión o una forma de socialización acorde a la situación que convoca 'la mera subsistencia'" (Rullansky, 2014, p. 302).

Llevó algunos años más para que la reforma del Código en línea con lo propuesto por la CAME se hiciera efectiva. De tal forma, en el 2011, ya bajo la segunda gestión de Mauricio Macri como Jefe de Gobierno Porteño, el artículo fue reformado por el siguiente texto:

> Quien realiza actividades lucrativas no autorizadas en el espacio público es sancionado/a con multa de quinientos ($ 500) a mil ($ 1.000) pesos. Quien organiza actividades lucrativas no autorizadas en el espacio público, en volúmenes y modalidades similares a las del comercio establecido, es sancionado/a con multa de diez mil ($ 10.000) a sesenta mil ($ 60.000) pesos. No constituye contravención la venta ambulatoria en la vía pública o en transportes públicos de baratijas o artículos similares, artesanías y, en general, la venta que

no implique una competencia desleal efectiva para con el comercio establecido, ni la actividad de los artistas callejeros en la medida que no exijan contraprestación pecuniaria.

Se eliminaba así la referencia a la "mera subsistencia". Ello conllevó la baja de los permisos previamente otorgados para ejercer la venta en la vía pública, bajo el argumento –sostenido por el PRO y la CAME– de que "la "venta de mera subsistencia" es el paraguas que cubre a todos los manteros e impide a las fuerzas de seguridad y a los jueces combatir la venta ilegal" (Clarín, 2011). El cambio en dicho artículo apuntó directamente a prohibir el uso del espacio público de manera permanente o momentánea, habilitando únicamente la venta ambulante, entendida como aquella que "se desplaza permanentemente de un lugar a otro, en la vía o en transportes públicos, de baratijas o artesanías, la cual deberá realizarse portando la mercadería" (*Idem*). Como contracara de ello, se avanzó también en la regulación de la venta en ferias, delimitando entre otras cuestiones los espacios habilitados y las normas para su funcionamiento.

Una cuestión central a tener en cuenta en lo que respecta a la aplicación del Código Contravencional en la Ciudad es que el proceso contravencional es "eminentemente judicial, con intervención de fiscales, jueces y abogados defensores, de modo similar en el que se tramita un proceso penal por la comisión de un delito" (Luna, 2013, p. 6). Este proceso, puede ser iniciado por integrantes de las diversas fuerzas policiales y de seguridad asentadas en la ciudad. En términos generales estas comienzan el procedimiento a partir de labrar un acta contravencional a los/as vendedores/as que luego son remitidas a los/as fiscales que suelen recaratular las causas como faltas administrativas. En sí, tal como analiza Luna (2013), al observar la cantidad de sentencias condenatorias dictadas en el período 2007-2011, en relación con los procesos iniciales, estas son muy escasas[9], lo cual "pone de evidencia que en el sistema no interesa tanto el juzgamiento de la supuesta contravención, sino más bien la gestión de los vendedores ambulantes que pueda hacerse por vía de coacción directa de los agentes de las fuerzas de seguridad" (p. 8).

En este marco es que opera una lógica de criminalización de los/as vendedores/as basada en una selección por parte del poder punitivo a través de entes gestores que componen al sistema penal, que se despliega en dos etapas: una, que establece qué acciones deben ser penadas y es

---

9   En dicho período en promedio un 25% de las contravenciones dictadas fueron contra vendedores/as ambulantes e iniciadas por las fuerzas de seguridad porteñas. Ahora bien, aquellas causas elevadas a juicio oral o bien que recibieron sentencia condenatoria no superan el 0,5% (Luna, 2013).

establecida a partir de la sanción de la ley penal; y otra, implementada por las agencias penales en dicho marco legal y cuya selección no recae sobre acciones sino sobre personas concretas (Zaffaroni, Alagia y Slokar, 2000). Tal como explica Berenice Timpanaro (2020), "la orientación selectiva de la segunda parte responde a estereotipos y prejuicios discriminatorios, construidos sobre colectivos poblacionales y no es casual que ello ocurre en espacios públicos (…) Entonces, la calle es el lugar por excelencia donde ocurre esa selectividad" (p. 30).

Al respecto, algunas investigaciones han señalado cómo la orientación política del gobierno porteño se ha establecido –desde la asunción del PRO en el año 2007– bajo la premisa de "ordenamiento del espacio público", asimilando esta perspectiva a prácticas de "limpieza" de calles y barrios de la presencia de personas en situación de calle y trabajadores/as "informales" de la vía pública (entre otros) en pos de la promoción del fomento de la seguridad, la puesta en valor y el orden de la ciudad (Pacecca, Canelo y Belcic, 2017). Esta concepción de espacio público se sustenta en la exclusión explícita de toda hipótesis de conflicto entre quienes son considerados como "habitantes legítimos" de la ciudad, colocando a quienes llevan a cabo estas acciones como "indeseables" y construyendo un determinado orden urbano que prescribe usos legítimos e ilegítimos del espacio público y, por ende, "usuarios legítimos e ilegítimos: ciudadanos y no-ciudadanos, humanos e inhumanos" (Berardo y Vazquez, 2019, p. 240). Tal como expresan Carman y Pico (2009) la política entablada por el PRO tuvo como uno de sus principales lineamientos a la idea de que "el espacio público no se negocia", lo cual se reflejó institucionalmente en la creación de la Unidad de Control del Espacio Público (UCEP) en el año 2008, cuyas funciones incluían tanto "mantener el orden en el espacio público como preservar el espacio público libre de usurpadores" (p. 3). Cabe destacar que la UCEP recibió varias denuncias por parte de organismos civiles y de derechos humanos, debido a su accionar ligado a prácticas represivas y violentas.

La modificación del Código Contravencional en el año 2011 conllevó al desalojo de los/as vendedores/as de la calle Florida, tras largos años de conflicto. Sin embargo, ello no puso fin a su presencia en las calles, sino que estos/as se trasladaron a otras zonas de la ciudad, tales como los barrios de San Telmo, Caballito, Floresta y Once. A la par de ello se trasladaron también los operativos policiales, los cuales se intensificaron fuertemente a partir del 2016 –tras la asunción del ex Jefe de Gobierno Porteño, Mauricio Macri, a la presidencia de la Nación y de Horacio

Rodríguez Larreta a la gobernación de la Ciudad. Este año marcó, para la mayoría de nuestros/as entrevistados/as, un punto de inflexión. En el nuevo contexto, comenzaron a observarse también los primeros emergentes de la crisis económica generada a partir de las políticas de corte liberal implementadas por el gobierno entrante, que se profundizaron en los años posteriores y llevaron a un incremento de vendedores/as ambulantes en las calles. En línea con la orientación política de la ciudad consolidada en los años precedentes, la respuesta estatal al crecimiento de la actividad se basó en la persecución y la represión. De allí en adelante se sucedieron de manera continua desalojos en los espacios de mayor concurrencia, como las inmediaciones de Plaza Miserere y la calle Avellaneda en el barrio de Flores. La información provista por el Programa contra la Violencia Institucional del Ministerio Público de la Defensa de la Ciudad Autónoma de Buenos Aires en su informe estadístico del período 2018 sobre denuncias por hechos de violencia institucional permite dar cuenta de este panorama: de las 563 personas que realizaron denuncias, un cuarto tiene como ocupación la venta ambulante[10].

Este período coincide a su vez, con la reconfiguración de las fuerzas de seguridad en la Ciudad, tras la creación de la Policía de la Ciudad en enero de 2017. Ello implicó el traspaso de personal y comisarías previamente pertenecientes a la Policía Federal y su unificación con la Policía Metropolitana (Canelo, 2019). A partir de esta reconfiguración institucional, los/as vendedores/as comenzaron a ser controlados en las calles por los agentes de la nueva policía, que desde entonces realiza operativos junto a los inspectores de Espacio Público. La Policía de la Ciudad dio continuidad a la forma de intervención que antes caracterizaba a la Policía Metropolitana, agencia que, junto a los inspectores de Espacio Público, realizaba operativos fuertemente represivos sobre quienes se dedicaban a la actividad de venta en la calle y otros trabajadores/as del espacio público. En este marco, las detenciones comenzaron a ser habituales y se llevaron a cabo bajo las figuras de "Atentado" o "Resistencia contra la autoridad" (Hindi, Belcic y Sander, 2020).

La emergencia de la pandemia del Covid-19 marcó un punto de inflexión en el conflicto. Tal como analizaremos en la próxima parte de este libro, tras el decreto de Aislamiento Social Preventivo y Obligatorio dictaminado el 20 de marzo de 2020 la gran mayoría de los/as vendedores no pudo trabajar por al menos cuatro meses. A fines de julio algunos/as comenzaron a retomar su actividad y tras ello, se reavivó el conflicto con los agentes de espacio público y las fuerzas de seguridad.

---

10 <https://www.mpdefensa.gob.ar/derechos-humanos/la-violencia-institucional>.

Ante la negativa del gobierno de la Ciudad a regularizar la actividad y la creciente movilización de los/as trabajadores/as, se establecieron los primeros acuerdos para "reordenar el espacio público" y atenuar los niveles de conflictividad. Estos acuerdos fueron posibles gracias al fortalecimiento de prácticas asociativas entre los/as vendedores/as y de la consolidación de diversas organizaciones de representación, entre las cuales el caso de VAIO resulta sumamente significativo para dar cuenta de estos procesos. A ello nos referiremos con mayor atención en los Capítulos 3 y 5 de este libro.

Referencias bibliográficas

Aczel, Ilona y Péchin, Juan. (2006). Las reformas del Código Contravencional de la Ciudad Autónoma de Buenos Aires: regulaciones democráticas y represión política. En *Código Contravencional de la Ciudad de Buenos Aires: documentos, normas, debates y luchas políticas* (pp. 157-174). Buenos Aires: Área Queer de la Facultad de Filosofía y Letras-UBA.

Código Contravencional de la Ciudad de Buenos Aires. LEY P 1.472. 28 de Octubre de 2004 (Argentina).

Aversa, María Marta. (2016). Las tramas sociales de la minoridad: infancias pobres y oficios deshonestos en la ciudad de Buenos Aires, fines del siglo XIX y principios del XX. *Trashumante: Revista Americana de Historia Social(8),* 132-153.

Berardo, Martina y Vazquez, Diego. (2019). La Pro-Puesta de Humanizar El Espacio Público de La Ciudad de Buenos Aires. En A. F. Neer, A. González, M. Greco y V. L. B. d. Boisriou (Eds.), *Las ciencias sociales en tiempos de ajuste* (pp. 227-244). Buenos Aires: CLACSO. https://www.jstor.org/stable/j.ctvt6rm8t.15

Bourdieu, Pierre. (2011). *Las estrategias de la reproducción social*. Buenos Aires: Siglo XXI editores.

Boy, Martín Guillermo. (2017). Espacios en disputa: tensiones en torno a la reforma del Código de Convivencia. Ciudad de Buenos Aires, 2004. *Espacialidades. Revista de temas contemporáneos sobre lugares, política y cultura, 7(1)*, 100-125.

Canelo, Brenda. (2019). Modalidades de control de la venta callejera y criminalización de inmigrantes en Buenos Aires. En J. Marcús, J. A. Mansilla, M. Boy, S. Yanes y G. Aricó (Eds.), *La Ciudad Mercancía. Turistificación, renovación urbana y políticas de control del espacio público* (pp. 129-148). Buenos Aires: Editorial TeseoPress.

Carman, María y Pico, Mercedes. (2009). Los ciudadanos de la intemperie y la paradoja del espacio público, *XXVII Congreso de la Asociación Latinoamericana de Sociología.* Universidad de Buenos Aires, Facultad de Ciencias Sociales, Buenos Aires.

Constitución de la Nación Argentina 1994. (Argentina)

De la Garza Toledo, Enrique. (2012). Problemas conceptuales, relaciones de trabajo y derechos laborales de los trabajadores informales. *Revista Márgenes Espacio Arte y Sociedad*, 9(11), 162-168.

De Santibañes, Sofía. (2017). Nuevas informalidades en el espacio urbano. Análisis del sistema socio-espacial del comercio informal en la vía pública en la Ciudad de Buenos Aires. *Cuestión Urbana, 2(2)*, 43-62.

Eberhardt, María Laura. (2007). Mecanismos de Participación Ciudadana. El funcionamiento de las Audiencias Públicas en la Ciudad de Buenos Aires. El caso de la reforma del Código Contravencional porteño. *IV Jornadas de Jóvenes Investigadores*, Instituto de Investigaciones Gino Germani, Facultad de Ciencias Sociales, Universidad de Buenos Aires, Buenos Aires.

Freidenraij, Claudia. (2015). En la Leonera. El encierro policial de menores en Buenos Aires, 1890-1920. *Revista de Historia de las Prisiones*, 1, 78-98.

Hindi, Guadalupe, Belcic, Sofía y Sander, Joanna. (2020). Ser migrante y trabajar: una realidad con múltiples complejidades. *Revista Institucional de la Defensa Pública de la Ciudad Autónoma de Buenos Aires(22)*, 61-64.

Legislatura: prohíben la venta de los manteros en las calles. (2011). Clarín. https://www.clarin.com/ciudades/Legislatura-prohiben-venta-manteros-calles_0_r15UpFhvmx.html

Luna, Diego. (2013). Intervención policial y judicialización contravencional del espacio público en la Ciudad de Buenos Aires. El rol del poder judicial en las prácticas control de vendedores ambulantes en los últimos cinco años. *VII Jornadas de Jóvenes Investigadores*, Instituto de Investigaciones Gino Germani, Facultad de Ciencias Sociales, Universidad de Buenos Aires, Buenos Aires.

Maldovan Bonelli, Johanna. (2018). Environmental Protection, Work, and Social Inclusion: Formalizing the Recycling of Urban Solid Waste in Buenos Aires. *Latin American Perspectives, 45(1)*, 91-107.

Maldovan Bonelli, Johanna y Hopp, Malena Victoria. (2021). Trabajo y políticas públicas: los sentidos asociados a la venta callejera en la Ciudad Autónoma de Buenos Aires. *Sudamérica: Revista de Ciencias Sociales(15)*, 195-228. http://fh.mdp.edu.ar/revistas/index.php/sudamerica/article/view/5437

Moreno, Carlos. (2004). *Del Mercado a la Pulpería: los lugares para el comercio*. Buenos Aires: Ed. Fundación Tecnología y Humanismo.

Ordenanza 39.312 de 1983 (Buenos Aires, Argentina).

Ordenanza 41.084 de 1986 (Buenos Aires, Argentina).

Ordenanza 42723 de 1988 (Buenos Aires, Argentina).

Pacecca, Maria Ines, Canelo, Brenda y Belcic, Sofia. (2017). Culpar a los negros y a los pobres. Los" manteros" senegaleses ante los allanamientos en el barrio de Once. En M. V. Pita y M. I. Pacecca (Eds.), *Territorios de control policial. Gestión de ilegalismos en la Ciudad de Buenos Aires* (pp. 199-219). Buenos Aires: Editorial de la Facultad de Filosofía y Letras de la Universidad de Buenos Aires, Colección Saberes.

Perelman, Mariano. (2013). Formas sociales de estabilización en actividades informales. Cirujas y vendedores ambulantes en la ciudad de Buenos Aires. *Lavboratorio, 25(14)*, 37-55.

Perelman, Mariano. (2014). Viviendo el trabajo. Transformaciones sociales, cirujeo y venta ambulante. *Trabajo y sociedad(23)*, 45-65.

Rullansky, Ignacio. (2014). Los manteros del microcentro porteño: la construcción de una presencia ilegítima en el espacio público. *Argumentos. Revista de crítica social(16)*, 286-314. http://revistasiigg.sociales.uba.ar/index.php/argumentos/index

Timpanaro, Berenice. (2020). La inercia de la criminalización de la venta callejera (Informes de Coyuntura: ¿De qué hablamos cuando hablamos de una "nueva normalidad"? Reflexiones en torno al trabajo de los/as vendedores/as callejeros/as en el contexto de la pandemia del COVID-19, Buenos Aires: Issue.

Tiscornia, Sofía y Oliveira, María José Sarrabayrouse. (2004). De los edictos de policía al Código de Convivencia Urbana. En Sofía Tiscornia (comp.) *Estudios de antropología jurídica. Burocracias y violencia* (pp. 89-124) Buenos Aires: Antropofagia.

Wilkis, Ariel. (2013). *Las sospechas del dinero: moral y economía en la vida popular.* Buenos Aires: Paidós.

Zaffaroni, Eugenio Raúl, Alagia, Alejandro y Slokar, Alejandro. (2000). *Derecho penal: parte general* (Vol. 2). Buenos Aires: Ediar.

CAPÍTULO 2

Los alcances de la tecnología digital: trabajo y plataformas de reparto en el Área Metropolitana de Buenos Aires

Andrea Del Bono

El mundo del trabajo es actualmente testigo del surgimiento y desarrollo de nuevas formas de trabajar, muchas de las cuales están vinculadas con las trasformaciones tecnológicas y el proceso de digitalización de la economía (Valenduc y Vendramin, 2016). En este contexto de cambios la emergencia de plataformas digitales de trabajo es uno de los fenómenos laborales más importantes de la última década (ILO, 2018). Por un lado, en paralelo a la expansión de Internet, se ha simplificado el reemplazo de servicios tradicionalmente realizados por personas en su lugar de trabajo por servicios que se prestan en línea con independencia de la ubicación geográfica. Por otro, se ha multiplicado la oferta de servicios basados en la localización en los cuales la tarea se realiza de manera local y frecuentemente mediante aplicaciones (apps) que asignan los pedidos a individuos en un área geográfica específica. Entre las tareas más comunes que abarca esta forma de trabajo se cuentan los servicios de baja complejidad, como el transporte de pasajeros y los servicios de mensajería y entrega a domicilio (López Mourelo y Pereyra, 2020).

Las plataformas digitales de reparto comenzaron a operar en Argentina durante 2018 y se expandieron aceleradamente en los grandes centros urbanos del país. Desde entonces vienen siendo objeto de análisis debido a las malas condiciones de trabajo que caracterizan a la actividad. Numerosos estudios coinciden en que quienes trabajan como repartidores/as (*riders*) obtienen ingresos reducidos, con prestaciones sociales mínimas y con peligros importantes –accidentes o robos– que deben cubrir por sí mismos, no cuentan tampoco con derechos laborales reconocidos, son

monotributistas[11], "socios" de las plataformas como si fueran trabaja-
dores/as independientes aunque realizan su actividad permanentemente
geolocalizados, bajo un estricto control algorítmico de tiempos y ren-
dimientos (Del Bono, 2019; López Mourelo, 2020; Negri 2020; Haidar
2020; Madariaga *et al.*, 2019; Ottaviano *et al.*, 2019).

La economía de plataformas es un nuevo modelo de negocio que
impulsa el surgimiento y desarrollo de nuevas formas de trabajar muchas
de las cuales están vinculadas con la digitalización, la automatización y
a la utilización de algoritmos para administrar los procesos productivos
(Del Bono, 2022). Para algunos organismos (ej. CEPAL, OCDE, BID,
OIT) las plataformas digitales de trabajo inciden en la desaparición de
ocupaciones, en la creación de otras nuevas, y en la reorganización de
los procesos productivos y de los servicios, brindando una oportunidad
para el crecimiento económico. Para la literatura académica, estas nuevas
formas de trabajo plantean una serie de circunstancias que son motivo
de preocupación y que exigen formas apropiadas de regulación ya que
contribuyen a la precarización del empleo (De Stefano, 2016; Bensusán
2017; Todolí Signes, 2015).

Con la misma estrategia de negocio que la pionera plataforma de
transporte Uber, plataformas de reparto como Rappi *y* PedidosYa se auto-
definen como "empresas tecnológicas" para ocultar la relación laboral que
realmente las une a sus trabajadores/as. Operando como empleadores en
la sombra, estas empresas afirman ser proveedoras de una herramienta
informática –una base de datos para conectar clientes con prestadores de
servicios individuales– y, por lo tanto, simples intermediarias. En el mercado laboral de nuestro país que se caracteriza por el persistente aumento
de la informalidad, del cuentapropismo y del subempleo, la presunción
de las plataformas de reparto de no ser más que intermediarias tiene una
importancia crítica ya que –desde esa posición– eluden responsabilidades
y asumen un rol activo en la proliferación de empleos eventuales y precarios que se presentan muchas veces como la única alternativa posible
para los/as trabajadores/as sin otras oportunidades laborales.

Tanto en Argentina, como en otros países de la región, la expansión de
las plataformas digitales de reparto plantea una serie de incertidumbres
sobre el impacto que el fenómeno produciría en el empleo y en las relacio-

---

11 El monotributo es un régimen opcional y simplificado para que los pequeños contribuyen-
tes puedan cumplir de forma simplificada sus obligaciones con la Administración Federal
de Ingresos Públicos (AFIP), lo que hace es unificar el componente impositivo (dado por
IVA y Ganancias) y el componente previsional (los aportes jubilatorios y la obra social)
en una única cuota mensual.

nes laborales resultantes. Considerando la centralidad casi excluyente que adquiere la precariedad laboral en estas nuevas actividades de servicios, se plantea la necesidad de pensar en regulaciones laborales renovadas para garantizar la protección de quienes trabajan en las plataformas de reparto del desajuste entre las regulaciones actualmente existentes y las nuevas formas de empleo que son un producto de las transformaciones productivas y organizativas generadas por la digitalización del mundo del trabajo (Bensusán, 2017; Baylos 2022). Asimismo, un problema asociado a la nueva forma de empleo que implican las plataformas digitales de reparto refiere a las condiciones de trabajo. La mayor parte de los estudios se ha centrado en analizar la intensificación de la jornada laboral y los cambios en los tiempos de trabajo-ocio, así como también los riesgos psicosociales aparejados por la intensidad del trabajo y del control algorítmico (Korinfeld, 2020; Hidalgo y Salazar, 2020; Ros *et al.* 2022; Darricades y Fernández Massi, 2021). En gran medida, el problema en torno a las condiciones de trabajo que experimentan los/as trabajadores/as está vinculado justamente al marco normativo en el cual queda encuadrada su actividad.

En esta línea de preocupaciones, a continuación nos concentraremos en describir y analizar algunas de las implicancias del trabajo de las plataformas de reparto. En primer lugar, presentaremos las trayectorias sociodemográficas de quienes se dedican a la actividad en Ciudad de Buenos Aires y de los/las repartidores/as entrevistados/as, quienes trabajan mayoritariamente en la Zona Sur del Gran Buenos Aires. Luego, presentamos algunas de las problemáticas más relevantes en lo que a condiciones laborales se refiere, que vistas en su conjunto resultan inquietantes ya que reflejan el trato injusto que reciben quienes trabajan en las plataformas de reparto a domicilio. Analizamos también la naturaleza de la gestión algorítmica, deteniéndonos en algunos de sus impactos sobre la organización del trabajo de reparto. Más adelante, comentamos la situación de los/as repartidores/as en lo que refiere a la relación con las empresas de plataformas y al reconocimiento –regulación– de éstos/as en su carácter de trabajadores/as.

¿Quiénes son los/as trabajadores/as de las plataformas de reparto? Trayectorias sociodemográficas y laborales

Desde que las plataformas digitales de reparto comenzaron a operar en nuestro país, se han realizado una serie de relevamientos orientados a analizar el perfil sociodemográfico de sus trabajadores/as y a caracterizar la fuerza de trabajo vinculada a la actividad. Las encuestas se enfocan principalmente en los/as repartidores/as de la Ciudad de Buenos Aires (Haidar, 2020; López Mourelo, 2020), se componen de muestras relativamente acotadas, y no son representativas en términos estadísticos de la población total de repartidores/as. A nivel nacional, se cuenta con los datos construidos por el CIPPEC a partir de la Encuesta a Trabajadores de Plataformas, que se llevó a cabo en 2018 (Madariaga *et al.*, 2019), y que por tratarse de una investigación sobre distintas ocupaciones en el ámbito de la economía de plataformas no profundizó sobre las características del caso particular de los/as repartidores.

Según López Mourelo y Pereyra (2020, p. 8), a partir de un relevamiento realizado en 2019 a 300 repartidores/as de CABA, los/as trabajadores/as de las plataformas de reparto son una población fundamentalmente joven y con una fuerte presencia masculina. Solo el 13% de los trabajadores/as encuestados/as eran mujeres, cuya presencia se observa fundamentalmente en los tramos de edad más jóvenes y tiende a disminuir en las franjas de edad donde usualmente se concentran las responsabilidades del cuidado. La edad promedio de los trabajadores se sitúa en los veintinueve años, mientras que aproximadamente el 60% tenía entre veinte y treinta años y dos de cada diez trabajadores superaban los treinta y cinco años. En lo que respecta a su nivel educativo, se trata de una población relativamente sobrecalificada para la complejidad que conlleva el trabajo de *delivery*, sobre todo en el caso de los migrantes. Aproximadamente tres cuartas partes de los trabajadores encuestados eran migrantes, de los cuales el 79% procedía de Venezuela (López Mourelo, 2020). El comienzo de las operaciones de las plataformas de reparto en la Argentina coincidió con la llegada de una fuerte oleada migratoria de venezolanos/ as que encontraron en esta actividad una primera oportunidad laboral. Muchas de estas personas son profesionales, con limitaciones para ejercer su profesión hasta no validar sus títulos. En este sentido, según analizan López Mourelo y Pereyra (2020, p. 9), si bien la gran mayoría de los trabajadores encuestados habían completado como mínimo sus estudios secundarios, aproximadamente el 5% de los trabajadores nacidos en la Argentina contaban con estudios universitarios o superiores completos, mientras que este porcentaje superaba el 42% en el caso de los/as trabajadores/as migrantes. En relación con los/as trabajadores/as venezolanos, si bien la condición de migrante es superior en la actividad de reparto que en la de transporte (Uber, Cabify, etc.), relevamientos más actuales que dan cuenta de las transformaciones acaecidas en la actividad en el contexto pandémico señalan que en todas las plataformas la nacionalidad predominante es la argentina (Garabaglia 2022).

Una de las razones más frecuentes para insertarse en esta actividad es no encontrar otro trabajo, aunque la relativa mejor remuneración en comparación con otras ocupaciones y la flexibilidad horaria también son factores claves. Un aspecto para resaltar de las plataformas de reparto es que funcionan como una actividad refugio para muchos/as trabajadores/as. Según analizaremos en el Capítulo 4, el ingreso a la actividad de reparto a través de plataformas digitales se produce en muchos casos a partir de la pérdida de un empleo asalariado (formal o informal). En un contexto económico recesivo como el de nuestro país esta situación ya era frecuente antes del escenario crítico que planteó la pandemia de coronavirus en el mercado de trabajo. Asimismo, las aplicaciones de reparto reciben a trabajadores/as con trayectorias laborales en empleos informales, precarios y no calificados, que se insertan en las plataformas buscando una alternativa a las largas jornadas laborales, las condiciones difíciles de trabajo y las remuneraciones bajas, que caracterizan a sectores como comercio y gastronomía. No obstante, según últimos relevamientos que analizan el avance de las plataformas de trabajo en Argentina (Garabaglia, 2022) se observa un empeoramiento generalizado de las principales condiciones laborales: las personas que trabajan para plataformas dedican, en promedio, cada vez más horas para poder mantener su poder adquisitivo y dependen en su mayoría del ingreso generado en la plataforma.

Ahora bien, aunque las trayectorias personales de los/as trabajadores/as de las plataformas de reparto son heterogéneas -distintas experiencias laborales, distintos itinerarios migrantes o situaciones familiares- existe un elemento en común que atraviesa sus trayectorias laborales: mayoritariamente, al momento de realización de los primeros relevamientos, no superaban el año de antigüedad. De hecho, los propios trabajadores/as concebían a la actividad como transitoria. Por lo sencillo que resulta conseguir el alta en la aplicación, las plataformas de reparto se constituyen como una excelente oportunidad para salir del desempleo de manera temporaria mientras se busca otro trabajo, pero también como una posibilidad para complementar ingresos (Madariaga *et al.*, 2019). Sin embargo, en encuestas más recientes que captan el impacto del contexto pandémico en el empleo de las plataformas de reparto (Haidar, 2020), se destaca el mayor tiempo de permanencia en la actividad y consecuentemente el aumento de la cantidad de trabajadores/as con más antigüedad y con movilidad entre las distintas apps del sector. De hecho, los vínculos con las plataformas se reforzaron durante la pandemia ya que el trabajo de reparto se constituyó en una única o principal fuente de ingresos, especialmente, en el caso de los/as trabajadores/as de nacionalidad venezolana (Haidar, 2020).

Sin bien la información que estamos sintetizando corresponde a relevamientos puntuales y relativamente acotados, de todos modos, sirve para reflejar los rasgos principales del perfil socio-laboral de quienes trabajan en las plataformas digitales de reparto. Ahora bien, lamentablemente, resulta más dificultoso avanzar en una caracterización en términos cuantitativos dado que en nuestro país ningún organismo oficial produce ni releva datos sistemáticos sobre la actividad. Se desconoce, por tanto, el número real de repartidores/as, sus variaciones y el impacto específico de las aplicaciones de reparto en el mercado laboral.

La estimación nacional con las que contamos corresponde a un relevamiento del segundo semestre de 2018 (Madariaga *et al.*, 2019) que calculó que los trabajadores de plataformas eran cerca de 160.000, de los cuales aproximadamente 133.000 correspondían a servicios físicos de baja calificación como Rappi y PedidosYa, aunque otras plataformas como Uber también se encuentran en esta categoría. Debido al carácter exploratorio del sondeo, estos datos son relativamente imprecisos ya que no distinguen entre las personas que simplemente se registran en las plataformas (según las empresas todos los meses se inscriben alrededor de cinco mil nuevos usuarios para empezar a generar ingresos como repartidor/a) y las personas que están realmente activas y prestan servicios. Según datos más actualizados que relevamos a partir de declaraciones de Rappi y PedidosYa, y que también difunde la Asociación Sindical de Motociclistas Mensajeros y Servicios (ASiMM), a finales de 2022 había en el país 55.000 repartidores/as activos, 20.000 empleados en Rappi y unos 35.000 en PedidosYa. Como ya hemos señalado, todos/as ellos/as monotributistas, en un modelo laboral donde la precarización laboral parece enquistada. Ciertamente, este dato es un poco más ajustado a la realidad, incluso considerando que las laxas barreras de entrada a la actividad y la alta rotación de trabajadores/as dificulta una cuantificación realmente precisa.

En el período comprendido entre marzo y noviembre de 2020, que se corresponde con la vigencia del ASPO (Aislamiento Social, Preventivo y Obligatorio), la cantidad de personas trabajando para las plataformas de reparto creció significativamente. Por un lado, el distanciamiento social impuesto para disminuir los contagios de COVID-19 forzó a los comercios y restoranes a recurrir a los servicios de las empresas de plataformas para poder seguir funcionando, por otro, obligó a las personas a hacer un uso intensivo de las aplicaciones. Asimismo, en un contexto de economía cerrada y aislamiento estricto, con la mayoría de las actividades económicas suspendidas, la actividad de reparto tuvo un comportamiento dinámico, incorporando población con limitaciones para trabajar a partir del decreto que instauró el ASPO (Haidar y Plá, 2021). En esa coyuntura, las trayectorias socio-laborales de los/as repartidores/as variaron un poco, disminuyó la importancia de los trabajadores/as venezolanos en relación con los argentinos –que se sumaron a las apps luego de perder el trabajo– y aumentó el número de mujeres y la edad promedio de los/as trabajadores/as, que dejaron de ser mayoritariamente trabajadores jóvenes (Beccaria *et al.*, 2020). Según relevamientos realizados en la Ciudad de Buenos Aires durante 2020, en el marco de la crisis de empleo que trajo aparejada la pandemia la dificultad para encontrar trabajo se reafirmó como la principal razón para ingresar a la actividad (Beccaria *et al.*, 2020). Cuando en noviembre de 2020 se inició una nueva etapa más relajada de aislamiento –Distanciamiento Social, Preventivo y Obligatorio (DISPO)– las plataformas digitales de reparto se habían terminado de consolidar como una fuente de ingresos para muchos/as trabajadores/as en un contexto laboral crítico.

Justamente, los/as repartidores/as que hemos tenido la oportunidad de entrevistar durante el ASPO y el DISPO (como parte de la investigación cuyo diseño metodológico detallamos en la introducción de este libro) vivieron la incertidumbre planteada en el día a día de trabajo por las medidas de aislamiento. Como analizamos con detenimiento en el Capítulo 4, una parte de los testimonios relevados corresponden a ex-trabajadores/as formales con empleos medianamente calificados y varios años de antigüedad que al ser despedidos/as encontraron en las plataformas de reparto una "oportunidad", una "tabla de salvación", para volver a trabajar rápidamente y así "salir de una situación muy complicada". Otros testimonios, que son ciertamente mayoritarios, dejan ver trayectorias laborales que pertenecen al universo de trabajadores/as a los que la pandemia golpeó con más crudeza. Con anterioridad a la pandemia sus trayectorias combinaban períodos sostenidos de actividad laboral con otros en los cuales el trabajo no era bueno o escaseaba, que se correspondían con inserciones laborales a veces informales, a veces precarias y otras veces en las zonas grises del mercado laboral, como trabajadores/as formales, pero sin derechos plenos.

Viviendo y trabajando en la Zona Sur del Gran Buenos Aires, los/as trabajadores/as entrevistados/as se enfrentaron a un escenario difícil que durante los peores meses del confinamiento golpeó con muchísima dureza a la población más vulnerable de la región. Antes de la emergencia sanitaria trabajaban en cocinas y restaurantes de barrio, cocinando, atendiendo clientes o como cadetes ("muchísimas horas", "con jornadas de trabajo que son una terrible explotación"); como empleados/as en locales comerciales (con "buenas condiciones de trabajo" y "relativamente un buen ingreso"); en cafeterías (en las que le trabajo "se disfrutaba" porque era "tranquilo"); en empresas tercerizadas de limpieza (ganando "muy poco"); en pequeñas fábricas (en la que era "todo muy artesanal"), o haciendo "changas". Mayoritariamente, quienes compartieron sus testimonios con nosotros –veintisiete de treinta y dos repartidores/as– comenzaron a trabajar para una plataforma de reparto durante 2020 en algún momento del aislamiento luego de perder su trabajo, los otros –seis– ya se dedicaban al reparto vía aplicación antes de la pandemia, como actividad principal o complementaria, y al momento de las entrevistas mantenían su ocupación principal junto con el trabajo de plataformas para poder mejorar sus bajos ingresos y porque –de una u otra manera– también se vieron afectados por la crisis provocada por el coronavirus. Quienes se dedicaban exclusivamente al trabajo de *delivery* vía aplicaciones no habían vuelto a conseguir una oportunidad laboral que los devolviera a la situación laboral que supieron tener antes de la pandemia.

Al momento de las entrevistas los/as repartidores/as tenían entre veintiséis y cuarenta y seis años, estimándose la edad promedio en treinta y dos años. Todos/as (veintiséis hombres –tres de ellos de nacionalidad venezolana– y seis mujeres), tenían proyectos familiares o personales en curso, hijos/as por los que responder, alquileres que pagar, deudas ya contraídas, planes de independencia del hogar familiar. Frente al contexto crítico que les planteó el ASPO, empezaron a trabajar como repartidores/as en las mismas zonas donde viven: zona sur (Quilmes, Berazategui, Lanús, Monte Grande), zona oeste (Morón, Castelar), solamente cuatro entrevistados/as repartían en CABA. En estas localidades PedidosYa es la plataforma más utilizada (por veinte repartidores/as), solamente cuatro *riders* utilizaban únicamente Rappi y ocho complementaban ambas plataformas. Según se refiere en los testimonios, el trabajo en las plataformas de reparto fue la clave para sortear el momento crítico. Quienes perdieron un trabajo formal relativamente seguro y bien remunerado comenzaron a trabajar por primera vez en una plataforma buscando "lo que fuera" para poder salir adelante durante el ASPO, mientras que quienes ya utilizaban las aplicaciones de reparto, se aferraron a esta posibilidad laboral y la intensificaron cuando se transformó en la única opción. En el Capítulo 4 de este libro, volveremos sobre cada una de estas situaciones para analizarlas detenidamente.

Organización y condiciones de trabajo

Presentamos ahora, para poder contextualizar las experiencias laborales de los/as repartidores/as los elementos más característicos de la organización del trabajo en las plataformas de reparto. En este apartado, sumamos a las treinta y dos realizadas durante el ASPO y el DISPO, veinte entrevistas anteriores, en las que indagamos sobre organización y condiciones de trabajo (Del Bono, 2019).

Un elemento característico de las apps de *delivery* es lo fácil que resulta comenzar a trabajar, las plataformas tienen barreras de entrada relativamente bajas y los/as entrevistados/as describen los pasos para incorporarse como un procedimiento "sencillo" y "rápido" que se realiza a través de la aplicación y para el cual se requiere solamente el documento de identidad –ser mayor de edad–, el registro como monotributista ante la AFIP y, cuando el trabajo se realiza en moto, la documentación del vehículo. Cuando todo funciona bien, las altas se realizan en pocos días y se puede comenzar a trabajar desde el momento en que las empresas asignan a la persona su número de identificación y una contraseña. Todas estas facilidades están entre los elementos mejor valorados por los/entrevistados/as, cuyos testimonios reflejan, "cansancio" y "frustración" de enviar *curriculums* y de acudir a entrevistas laborales junto con "muchísimas personas" por trabajos que a la larga "no son mucho mejores que el de Rappi". Según refieren nuestros entrevistados, "la capacitación es virtual" y son "unos videos que te van mandando por WhatsApp*"* que explican cómo funciona la aplicación y los principales temas referidos a la facturación. Hace unos años, cuando realizamos nuestros primeros relevamientos, la capacitación era una sesión informativa presencial que hoy está integrada al entorno virtual y que se renueva periódicamente con información sobre cobros, pagos, promociones, bonificaciones, y claves para la atención al cliente. Las empresas Rappi y PedidosYa ofrecen para facilitar las altas de nuevos repartidores/as el contacto con una empresa –Gestorando– que gestiona inicialmente de manera gratuita el alta en el monotributo y luego, con un costo, la facturación. Consultados al respecto, los/as trabajadores/as encuentran en esta operatoria "una ventaja" pero también un "negocio redondo" para las empresas.

Una vez dados de alta en la aplicación, para asegurarse la posibilidad de comenzar a operar los/as repartidores/as tienen que costear sus propias herramientas de trabajo. En los hechos, más allá del ahorro que pueda representar para las empresas desentenderse de proveer ropa de trabajo, bicicletas, motos y celulares, lo que se busca reforzar es la idea engañosa de que los/as repartidores/as son socios independientes de las plataformas. Así, para optimizar el propio rendimiento, afrontan una serie de gastos que "se van sumando" y que no siempre contabilizan con claridad: la actualización de los modelos de teléfonos celulares "para que no se cuelgue la aplicación y poder trabajar bien"; la reparación de la bicicleta; el mantenimiento de la moto que con el uso intensivo "siempre necesita algún arreglo"; el pago mensual de cuotas cuando se recurrió a un crédito para comprar el vehículo y, lo que resulta todavía más oneroso, la reposición de alguno de estos bienes cuando se sufren accidentes o robos de los que las empresas no se responsabilizan "en lo más mínimo". Posteriormente, retomaremos este punto para analizar la inseguridad y la incertidumbre con la que trabajan, en las calles del conurbano bonaerense, quienes trabajan para Rappi y PedidosYa.

Otro elemento distintivo de las plataformas digitales de reparto es la forma en que los/as trabajadores/as organizan el tiempo y su jornada de trabajo. Permanentemente logueados, siempre conectados, y con sus movimientos geolocalizados por la aplicación, se desplazan "levantando" y entregando pedidos. Según la plataforma, varía la forma de organizarse, quienes trabajan para PedidosYa se rigen por un sistema de asignación previa de franjas horarias mientras quienes lo hacen para Rappi pueden elegir el momento en el que conectarse. Según han analizado Darricades y Fernández Massi (2021), en PedidosYa, la jornada de trabajo se organiza en base al sistema de puntuación semanal que establece la plataforma y en el cual quienes tienen mejor puntaje tienen prioridad para elegir y reservar los turnos de trabajo (de tres o cuatro horas), pudiendo incluso elegir más de un turno por jornada y las zonas más céntricas para repartir. Los/as repartidores/as peor rankeados no cuentan con ninguna de estas "ventajas" y tienen que limitarse a aceptar las opciones que les da la aplicación para trabajar. Quienes no se conecten para trabajar en el horario asignado verán cómo ese incumplimiento repercute negativamente en su puntuación. En el caso de Rappi, los/las repartidores/as pueden conectarse y desconectarse libremente sin necesidad de tener que reservar un turno previamente. Esta plataforma basa su sistema de control y sanciones en bloqueos de cuentas, que pueden ir desde algunos minutos a ser definitivos, por lo cual los/las repartidores/as no pueden conectarse con su usuario a la aplicación (Darricades y Fernández Massi, 2021).

Según describen nuestros/as entrevistados/as, más allá de las diferencias en las formas de organizar jornadas y tiempo de trabajo, en ninguna de las dos plataformas los/las repartidores/as tienen garantías sobre cuánto conseguirán trabajar realmente. Solamente las mejores puntuaciones permiten gestionar con eficiencia los días de trabajo y para conseguirlas hace falta mantener un ritmo intensivo, de allí, que son frecuentes las jornadas de nueve o diez horas, tanto entre quienes trabajan para PedidosYa como para Rappi. Junto al aumento de la intensidad del ritmo de trabajo y a la prolongación de la jornada de trabajo los/as repartidores/as ven aumentar los riesgos de siniestros en la vía pública.

Ahora bien, la gestión algorítmica que implementan las plataformas de *delivery* se extiende más allá de la dirección o simple programación del tiempo de trabajo. Los/as repartidores/as experimentan un seguimiento continuo, la evaluación constante de su desempeño, la evaluación del cliente, y la implementación automática de decisiones que los priva de oportunidades de retroalimentación, discusión y negociación (Möhlmann y Zalmanson, 2017). Además, las empresas se oponen a revelar los criterios de apoyo de sus algoritmos y alegan que no pueden explicar completamente sus resultados dando lugar a una gestión de la fuerza de trabajo exigente y opaca.

Son varios los elementos que se conjugan para potenciar la presión de la gestión algorítmica. Mientras los/as repartidores/as están activados la aplicación asigna pedidos cercanos mediante un rastreo de la proporción de pedidos o viajes aceptados en determinado lapso y realiza un promedio de la puntuación que los clientes asignaron después del servicio. La calificación puede empeorar por no aceptar suficientes pedidos o viajes, por bajas puntuaciones, o por no responder adecuadamente a las notificaciones que incentivan para trabajar durante determinados momentos de picos de demanda. Por lo tanto, si bien los/as repartidores/as pueden decidir sobre aspectos importantes de su tarea, tales como la extensión de la jornada de trabajo, sus horarios y sus descansos, no dejan de estar insertos en un sistema que organiza la actividad que realizan, que los califica, y que puede llegar a bloquearlos de la aplicación –por algunas horas en algún momento del día o definitivamente– cuando la calidad del trabajo no alcance los parámetros establecidos.

Frente a este control los/as trabajadores/as responden a partir de múltiples estrategias, algunas veces individuales, pero muchas otras veces, estrategias basadas en acuerdos tácitos y en la solidaridad del grupo. Según se refiere en las entrevistas, "casi todos los que estamos en Rappi tenemos más de una cuenta" (*Mariano, 34 años, repartidor de PedidosYA, tres años de antigüedad, extrabajador gastronómico, 2021*) y cuando existen bloqueos "entre los repartidores nos prestamos las cuentas o incluso se alquilan, pagando un porcentaje de lo que se factura" (*Mariano*). En PedidosYa, son múltiples las formas que se ponen en juego para cambiar turnos y horarios de trabajo "podés liberar las horas que no te convienen sin que eso te perjudique y tomar las horas que deja otro repartidor, pero hay que saber hacerlo todo en el mismo momento" (*Javier, repartidor de Rappi, 29 años, tres años de antigüedad, extrabajador en Mercado Pago, 2021*). Estas prácticas permiten a los/as repartidores/as controlar la incertidumbre, ganar experiencia, y descubrir fisuras en la aplicación a partir de los cuales contar con cierto margen de acción para mejorar su rendimiento o aliviar la carga de trabajo.

Sin embargo, por más que estas estrategias sean una manera de burlar el control del algoritmo y aunque los/as repartidores/as aspiren a trabajar con autonomía y a controlar ellos mismos su jornada laboral, terminan sacrificando ese acotado espacio de libertad para obtener buenas puntuaciones. En ese equilibrio, se hacen irreales los eslóganes con los que las plataformas de reparto promocionan su organización del trabajo: "ganá dinero y seguí disfrutando de tu familia y amigos", "repartí tu tiempo entre tus estudios, trabajo o cualquier otra actividad que hagas", "sé tu propio jefe". La contradicción entre una supuesta flexibilidad de horarios y el trabajo que realmente se impone queda patente al experimentar los mecanismos de control de los algoritmos, apoyados en sistemas de puntuación y premios (Diana Menéndez, 2019; Scasserra, 2019).

Con todo y con ello, según analiza Muñoz (2020), la acción de elegir días, turnos y horarios tanto de inicio como cierre de la jornada laboral funciona como efecto performativo de la libertad de elección de los/as trabajadores/as, en cierta medida, al informar sobre su sistema de calificación y ranking, las plataformas dejan a los repartidores/as que autorregulen cómo ajustar sus esfuerzos a sus intereses. En los primeros meses, cuando quienes comienzan a trabajar tienen menos experiencia, la figura del jefe aparece invisibilizada y despersonalizada, produciéndose la fantasía de que no existe. Cuando se gana experiencia y esa idea se relativiza, hay otro elemento que provoca la valoración positiva de la actividad. Tal como señalan Palermo y Molina (2021), la idea de "desconectarme o conectarme cuando quiero" es uno de los mayores atractivos del trabajo y esto adquiere mayor relevancia al momento de comparar con itinerarios de trabajo previos donde la rutina, las jornadas de trabajo con horarios fijos y "el tener jefe" era la regla.

Finalmente, para completar esta caracterización tenemos que referirnos a la remuneración que ofrecen las plataformas de reparto. Por las mismas razones que comentamos en el apartado anterior, también en este caso contamos solamente con cálculos aproximados. Un problema extra para realizar el cálculo de ingresos de los *riders* es el mecanismo de retribución que ofrecen las plataformas que se asemeja al pago a destajo o por pieza, el/la repartidor/a cobra un básico por envío concretado más un plus por kilómetros recorridos y la propina correspondiente ya que no existe ninguna garantía de "sueldo" ni un pago fijo por horas trabajadas. Según señalan los propios repartidores/as, la ganancia "es muy variable" dependiendo de lo que se trabaje "cada semana" o incluso "cada día". En un proceso de trabajo "hiperflexivilizado" los/las repartidores/as ofrecen su trabajo "*just-in-time*" y son retribuidos sobre una base de "*pay-as-you-go*" (pago por uso o consumo), a destajo, sólo durante los momentos en que trabajan para el cliente. Ahora bien, el dato general para subrayar y en el que existe coincidencia es que los repartidores/as que se dedican de manera intensiva a la actividad reciben ingresos que pueden resultar atractivos (López Mourelo, 2020; Haidar 2020; Beccaria *et al.*, 2020). Según Beccaria *et al.*, en julio de 2020, el ingreso promedio de los trabajadores de reparto alcanzó los AR$ 7.190 en una semana habitual de trabajo, lo que equivale a AR$ 31.100 mensuales. Este valor se situó por encima del salario mínimo vigente (AR$ 16.875). Si se consideran valores netos o "de bolsillo", la remuneración de los repartidores sería de AR$ 28.600, es decir, más del doble del salario mínimo mensual neto –AR$ 14.175 o AR$ 17.535– (Beccaria *et al.*, 2020, p. 21). Esta relación entre los ingresos de los/as trabajadoras/es de las plataformas de reparto y el salario mínimo vital y móvil que se mantuvo en 2021 y 2022 ponen en evidencia no sólo el nivel demasiado bajo del salario mínimo en el país sino también que, aun siendo reducidos, los ingresos de las plataformas pueden resultar comparativamente convenientes.[12].

Esta situación, que visibiliza el impacto de la crisis económica argentina sobre los ingresos de los/as trabajadores/as, contextualiza y ayuda a comprender correctamente otro elemento característico de las plataformas de reparto: en una situación general de caída del poder adquisitivo de los salarios los rasgos de precarización laboral que son atribuibles a la actividad no tienen que ver directa o exclusivamente con los ingresos de los/as repartidores/as sino más bien, con la negación de la relación laboral por parte de las empresas y con el consecuente desentendimiento de una serie de obligaciones que hacen a la seguridad y a la protección de los/as repartidores/as. A continuación, profundizamos en este aspecto.

---

12 En esta misma línea de análisis, es interesante la comparación de Tenconi *et al.* (2021) sobre el *delivery* vía plataformas y el *delivery* tradicional, los autores concluyen que el trabajo en plataformas de reparto permite, con una dedicación de 48 horas por semana, llegar a un ingreso horario promedio mayor al que permite un trabajo de *delivery* tradicional.

Regulación del trabajo de plataformas: las definiciones pendientes

Las condiciones de trabajo que acabamos de reseñar se corresponden con lo que Srnicek (2018) caracteriza como "plataformas austeras" ya que prácticamente carecen de activos. En estas empresas, el único capital fijo relevante es el software. Si bien suelen postularse como escenarios neutrales, como "cáscaras vacías" en donde se da la interacción, las plataformas en realidad pueden controlan las reglas del juego, prever dónde y cuándo va a estar la demanda y modificar los precios en consecuencia. Esta mano invisible del algoritmo contradice el discurso que suelen tener las plataformas digitales, en el cual se definen eufemísticamente como parte de la "economía colaborativa". Por lo demás, operan a través de un "modelo hipertercerizado" y deslocalizado. Las plataformas austeras intentan reducir a un mínimo los activos de los que son propietarias y obtener ganancias mediante la mayor reducción de costos posible, por lo que son tristemente célebres por la subcontratación de sus trabajadores (Srnicek, 2018, p. 50). De hecho, las plataformas de reparto consiguen con éxito "deslaborizar" el trabajo de las personas que incorporan dándoles el estatus de "socios" –según la terminología de las propias empresas– como si fueran trabajadores/as independientes, invisibilizando los principios de la relación laboral. En este modelo de negocio un límite a la rentabilidad de estas empresas es la organización de los trabajadores, ya sea por acumulación de fallos judiciales, cambios en la legislación o procesos de organización sindical, Srnicek (2018) considera que en el futuro deberán finalmente otorgar derechos básicos a sus trabajadores/as, lo que traería aparejado su insostenibilidad económica.

En nuestro país, quienes recorren las calles entregando pedidos a domicilio en bicicleta o en moto trabajando para alguna de las grandes plataformas de *delivery* deben inscribirse en el régimen del monotributo lo cual les garantiza mínimos derechos y un nivel de prestaciones muy bajo. De esta forma, el riesgo de la actividad recae sobre los/as trabajadores/as que costean los gastos de dicha inscripción y que, además, cuentan con seguros contra accidentes que brindan una cobertura muy baja. En el día a día de trabajo la relación laboral se reemplaza por una relación comercial de un trabajador independiente que presta servicios facturando para la empresa, los/as repartidores/as aceptan un "Acuerdo de Términos y Condiciones" que a la vez que niega explícitamente el vínculo laboral garantiza la potestad de la plataforma de organizar y gestionar el trabajo (Darricades, 2021). Ese "contrato" no contempla ninguno de los temas claves para asegurar a los/as repartidores/as un trabajo de mínima calidad: "la cobertura de un seguro de salud, la protección en materia previsional, el derecho a descanso, a un salario mínimo, no llegan ni a contemplarse, dado el vacío regulatorio y legal en el que se desarrolla la actividad" (*Abogado, representante de la Asociación de Personal de Plataformas –APP–*). Por lo tanto, uno de los problemas más importantes que se plantean en este tipo de empleos tiene que ver con la falta de acceso a la protección social, tradicionalmente ligada al empleo registrado, y en franco retroceso frente a la irrupción de la digitalización. Asimismo, según analizaremos detenidamente en el Capítulo 6, el carácter de trabajo independiente que se asigna al trabajo de las plataformas de *delivery* también obstaculiza otros derechos básicos como el de sindicalización y negociación colectiva, que justamente podrían servir como herramientas para interpelar las malas condiciones laborales existentes.

Este tipo de relación de servicios y la naturaleza del vínculo que se establece entre la plataforma y los/las repartidores/as es altamente controversial ya que son muchos los indicadores de existencia de una relación laboral. Las plataformas de *delivery* prestan un servicio específico por más que se autodefinan como "empresas tecnológicas"; se insertan en un sector concreto; establecen sistemas de retribución; inciden en el precio del servicio; establecen procesos de selección y un sistema de retroalimentación de las opiniones de los clientes; controlan a los/las repartidores/as a través de las propias plataformas en términos de los procedimientos a seguir para realizar la tarea y de los tiempos que debe insumir, todo lo cual permite argumentar sobre la existencia de relación laboral (Todolí Signes, 2015; Baylos, 2022). Por tanto, el carácter independiente de vinculación de los/as repartidores/as con las plataformas viene siendo objeto de intensos cuestionamientos entre académicos y juristas del trabajo por más que puedan observarse ciertas características del trabajador autónomo (aportan parte de los medios de producción, la elección discrecional del tiempo en que realizan las tareas de reparto, un grado importante de independencia en el modo de prestar el servicio).

La estrategia local de las plataformas de reparto, centrada en invisibilizar la relación laboral, responde a un modelo de negocio de las plataformas de *delivery* a escala global que coloca a los/as trabajadores/as en situación de contratistas independientes, trabajadores por cuenta propia, o (falsos) autónomos. Sin embargo, mientras que la tendencia en distintos países[13] es hacia la reglamentación de normas legales que

---

13 La "ley rider" de 2021 puso a España como pionera en el mapa mundial en el terreno de la regulación, no solo de las condiciones laborales de los riders sino de todos trabajos

reconocen la laboralidad de los *riders* al servicio de plataformas con los derechos individuales y colectivos correspondientes, en nuestro país se carece de una regulación de la actividad.

En el ámbito local existe protección laboral de los repartidores y el personal de mensajería que se desempeñan en los establecimientos de la actividad, representados por la Asociación Sindical de Motociclistas Mensajeros y Servicios (ASIMM), cuando el servicio de *delivery* lo realiza un dependiente de un establecimiento gastronómico, la representación la ejerce la Unión de Trabajadores Hoteleros y Gastronómicos de la República Argentina. Ahora bien, según analizan Mugnolo, Caparrós y Golcman (2020), dadas las características particulares de la prestación del servicio de repartos a través de las plataformas digitales se plantean varios aspectos que –según algunas posiciones– no resultan plenamente compatibles con las normas laborales vigentes.

En este sentido, en nuestro país hay dos posturas contrapuestas en torno al modo en que deberían regularse las plataformas digitales de reparto (Diana Menéndez, 2021), la de quienes creen que no hay nada que jurídicamente permita suponer que la protección de quienes trabajan en el reparto por aplicación no pueda estar incluida en la Ley de Contrato de Trabajo y la de quienes –subrayando los indicadores que excluirían a los/as trabajadores/as de la normativa laboral– alegan la necesidad de crear una regulación específica para el sector con forma de estatuto. Los acuerdos básicos entre los actores que sostienen cada una de estas posiciones no han sido posibles hasta el momento.

Así quedó de manifiesto en ocasión de la presentación para el debate (a cargo del Ministerio de Trabajo, Empleo Seguridad Social (MTEySS) en mayo de 2020) del anteproyecto de ley "Estatuto del Trabajador de Plataformas Digitales Bajo Demanda"[14] (IF-2020-30383748-APN-DGDMT#MPYT) que no consiguió los consensos necesarios para avanzar. Aunque el título del anteproyecto sugiere un ámbito amplio de aplicación, en realidad, se propone regular:

---

relacionados con los algoritmos de inteligencia artificial. Hay algunos países que están siguiendo los pasos de España, por ejemplo, en Italia, Alemania y Francia, que discuten sus reglamentaciones. La Unión Europa, lanzó en 2021, una consulta para diseñar una reglamentación común y mejorar las condiciones laborales de los trabajadores/as. En la región, Chile, tiene una normativa aprobada de plataformas digitales que entró en rigor en septiembre de 2021.

14 Recuperado de: <https://ignasibeltran.com/wp-content/uploads/2018/12/Estatuto-del-Trabajador-de-Plataformas-Digitales-IF-2020-30383748-APN-DGDMTMPYT.pdf>.

[l]a relación jurídica que vincula a las empresas dedicadas al reparto y entrega de productos diversos, que administran plataformas digitales, con las personas que, sin obligación de asistencia permanente y por su iniciativa o decisión, prestan servicios desplazándose para llevar a cabo tal actividad en favor de dichas empresas. (art. 1°).

A lo que se apunta, es a crear una categoría jurídica especial de trabajadores de plataformas digitales bajo demanda, incorporada al ámbito del Derecho del Trabajo, aunque con limitaciones protectoras diferentes en comparación con la figura del trabajador subordinado típico. Según analiza Diana Menéndez (2021), en la formulación de este primer artículo se explicita también el argumento central a favor de la creación de régimen específico para la actividad: para los redactores del estatuto la "no obligación de asistencia permanente" constituye el elemento jurídico distintivo y específico. Según esta posición, lo que diferencia a los/as trabajadores/as de reparto a través de plataformas es el acceso a un bien desconocido por el común de las/os trabajadoras/es: la posibilidad de disponer de cierta "soberanía del tiempo de trabajo" que debe ser legislada y, en alguna medida, protegida como una virtud (Diana Menéndez, 2021, p. 45). Para los redactores del estatuto, la cantidad de horas y la organización de la jornada de trabajo parece ser el punto central para definir si corresponde o no establecer una relación laboral. Sin embargo, conociendo el rigor del control algorítmico y la pérdida de autonomía que los/as repartidores/as experimentan frente a los rankings con los que la plataforma controla y determina la extensión y los horarios de su jornada laboral, cabe preguntarse cuántos trabajadores disfrutan realmente la mentada flexibilidad horaria que sustenta la propuesta de regulación.

Con todo y con ello, el anteproyecto se propone dar respuesta a las particularidades propias del modelo de negocio del que se ocupa. Entre ellas, resaltan la regulación de la jornada de trabajo, cuya determinación es un derecho del trabajador (art. 3°); el tratamiento de "reputación digital" y de la "portabilidad de datos" (título XII); un régimen de enfermedades y accidentes no profesionales, solventado por un fondo de reserva a cargo de la empresa (título VI); un régimen remuneratorio compuesto por un mínimo garantizado y un salario variable por viaje (título III); el reconocimiento expreso de los derechos de sindicalización, de negociación colectiva y de huelga de los trabajadores repartidores (art. 44); y el reconocimiento de los derechos de la seguridad social (título XV) (Mugnolo, Caparrós y Golcman, 2020, p. 42).

Actualmente, puesto que en nuestro país no se ha logrado zanjar la problemática jurídica sobre la calificación del vínculo que une a los prestadores de servicios y las empresas propietarias de plataformas digitales la actividad de los/as repartidores/as de CABA y de la Provincia de Buenos Aires ha quedado enmarcada a partir de intervenciones de la ciudad y de la provincia, ciertamente de orientación contraria.

En el caso de CABA, se apuntó a la adaptación de la norma local al tipo de servicio –y al modo de prestarlo– dispuesto por las plataformas de reparto. En función de eso, en 2016 se modificó el articulado de la Ley N° 2.148 que aprobaba el "Código de Tránsito y Transporte de la Ciudad Autónoma de Buenos Aires" para incorporar diferentes definiciones referidas al servicio de entrega de productos a domicilio en el ámbito de la ciudad. En julio de 2020, una nueva modificación consiguió compatibilizar la actividad de las empresas titulares de plataformas digitales de reparto con la legislación de tránsito porteña. La modificación también permitió que la calificación de "autónomos" que las empresas pudieran asignarles a los/as repartidores/as no sea un impedimento para que presten el servicio de acuerdo con la norma local; incorporó una definición específica para las empresas titulares de plataformas digitales considerándolas como meras intermediarias entre la oferta y la demanda, y creó el "Registro Único de Transporte de Mensajería Urbana y/o Reparto a Domicilio de Sustancias Alimenticias" (RUTRAMUR) (Mugnolo, Caparrós y Golcman, 2020). La norma fue discutida en medio de una protesta de trabajadores/as en la puerta de la legislatura de Buenos Aires, que la rechazaron de plano, denunciando que la ley "desprotege y criminaliza a los repartidores" oponiéndose especialmente a la figura del repartidor habilitado cristalizada en el RETRAMUR.

En la Provincia de Buenos Aires, la intervención pública viene teniendo una orientación contraria a la de CABA, el objetivo de lo actuado hasta el momento es visibilizar y registrar las malas condiciones de trabajo de los/as repartidores/as, mapear su precariedad y avanzar hacia una normativa que contemple los criterios de laboralidad presentes en el trabajo de las plataformas de reparto y su adecuación a la Ley de Contrato de Trabajo. En mayo de 2022, el Ministerio de Trabajo bonaerense realizó un operativo de inspección en veinticuatro municipios con el propósito de controlar la registración, condiciones laborales, y de seguridad y salud, de los/as trabajadores/as de las plataformas digitales de reparto. Según información del Ministerio, de los medios locales y de los dirigentes gremiales más activos en el sector, el operativo tuvo un alcance inédito en términos territoriales. Según el Ministerio:

...se buscó avanzar en el reconocimiento de los derechos laborales de miles de bonaerenses que trabajan con las aplicaciones de reparto en toda la Provincia (…) trabajadores y trabajadoras que, a pesar de cumplir con todas las obligaciones de cualquier empleado en relación de dependencia, en su mayoría no están registrados y no cuentan con ningún tipo de protección en materia de Salud y Seguridad, dejando en evidencia la imposibilidad de acceder, por ejemplo, a los beneficios previsionales[15].

Según Marcelo Pariente, secretario general de ASIMM, sindicato que respaldó fuertemente las medidas, las inspecciones dejaron expuesto el accionar fraudulento de las plataformas que encubren la relación laboral bajo la locación de servicios[16]. En este sentido, es relevante mencionar que las inspecciones de 2022 no constituyen un hecho aislado, sino que cuentan con un antecedente que permite pensar en una política de orientación sostenida. En 2020 el Ministerio realizó un primer relevamiento de ciento setenta y dos trabajadores/as y en esa instancia se intimó a las empresas a presentar la documentación laboral de los mismos, obteniendo como respuesta, el desconocimiento de la relación de dependencia. Ante la falta de registración y otros tipos de incumplimientos de la normativa laboral el Ministerio aplicó sanciones a Rappi, Glovo y PedidosYa. Las multas fueron ratificadas por la Justicia de La Plata, confirmando la existencia de relación de dependencia y validando el accionar de la cartera laboral. Según se deduce, la inspección de 2022 apuntó a profundizar el alcance de la intervención del 2020 orientada a reconocer los derechos laborales de los/as trabajadores/as bonaerenses de las plataformas digitales de reparto.

En síntesis, la comprensión del sentido profundamente divergente de estas dos intervenciones conduce a plantear que es indispensable impulsar iniciativas tendientes a la sanción de una ley a nivel nacional evitando posibles regulaciones contradictorias en cada localidad. Dicha ley, debería incentivar el diálogo entre los/as trabajadores/as a través de su propia organización específica y las empresas de plataforma para que –a través de consensos– se asegure a los/as repartidores/as, entre otros aspectos, mejores condiciones laborales, un salario mínimo, se reconozcan sus derechos a la libertad sindical, la negociación colectiva y la seguridad social (Arabia, 2020). En el Capítulo 6 de este libro, pro-

---

15 *Mega operativo para controlar condiciones de trabajadores de apps de delivery. Gobierno de la Provincia de Buenos Aires.* Sábado 14 de mayo de 2022. Recuperado de: <https://www.gba.gob.ar/trabajo/noticias/mega_operativo_para_controlar_condiciones_de_trabajadores_de_apps_de_delivery>.

16 *ASSIM celebra el megaoperativo de inspecciones del gobierno de Kicillof sobre las apps de delivery.* Asociación Sindical de Motociclistas, Mensajeros y Servicios. Recuperado de: <http://asimm.org.ar/asimm-celebra-el-megaoperativo-de-inspecciones-del-gobierno-de-kicillof-sobre-las-apps-de-delivery/>.

fundizaremos en los desafíos que se plantean para la acción sindical en función de esta hoja de ruta.

Referencias bibliográficas

Arabia, Fabiana. (2020). Más debilidades que fortalezas en la Ley local para regular las empresas de plataformas digitales de mensajería. *Revista IDEIDES (UNTREF)*.

Baylos, Antonio. (2022). La larga marcha hacia el trabajo formal: el caso de los *riders* y la ley 12/2021, *Cuadernos de Relaciones Laborales*, *40(1)*, 95-113.

Beccaria, Luis, López Mórelo, Elva, Mercer, Raúl, Vinocur, Pablo. (2020). *Delivery en pandemia: el trabajo en las plataformas digitales de reparto en Argentina*. Buenos Aires: Oficina de País de la OIT para Argentina.

Bensusán, Graciela. (2017). Nuevas tendencias en el empleo: retos y opciones para las regulaciones y políticas del mercado de trabajo. En G. Bensusán, W. Eichhorst, J. M. Rodríguez, J. M. (Ed.). En *Las transformaciones tecnológicas y sus desafíos para el empleo, las relaciones laborales y la identificación de la demanda cualificaciones* (pp. 81-171). Santiago: CEPAL: serie Documentos de Proyectos.

Darricades, María, Fernández Massi, Mariana. (2021). *La organización del tiempo de les trabajadores de plataformas*, Buenos Aires: Fundación Friedrich Ebert.

Darricades, María. (2021). Deslaboralización en plataformas de reparto en Argentina. *15° Congreso Nacional de Estudios del Trabajo*. Buenos Aires.

De Stefano, Valerio. (2016). *The rise of the 'just-in-time workforce': On-demand work, crowdwork and labour protection in the 'gig-economy'*. International Labour Office (Conditions of work and employment series; Nro. 71). Geneva: International Labour Office.

Del Bono, Andrea. (2019). Trabajadores de plataformas digitales: Condiciones laborales en plataformas de reparto a domicilio en Argentina. *Cuestiones De Sociología, (21)*, 1-14.

Del Bono, Andrea. (2022). Tercerización laboral y nuevos modelos de negocio: el trabajo en las plataformas digitales de reparto en contexto de pandemia. En: Magda Biavaschi; Alisson Droppa (Org.). *Terceirização e as reformas trabalhistas na América Latina*. Buenos Aires: CLACSO.

Del Bono, A. (2023). Experiencias laborales de trabajadores de plataformas de reparto en el AMBA durante el contexto de aislamiento y distanciamiento social. En Muñiz Terra, L. (Coord.) *Encrucijadas Biográficas: transiciones laborales en contextos de pandemia en Argentina*. Buenos Aires. CLACSO.

Diana Menéndez, Nicolás. (2019). ¿Qué hay de nuevo, viejo? Una aproximación a los trabajos de plataforma en Argentina. *Revista De Ciencias Sociales 165*, 45-58.

Diana Menéndez, Nicolás. (2021). Las propuestas de regulación a nivel nacional y subnacional En Haidar, J., Diana Menéndez, N., Bodarampé, G., Pérez, M., Arias, C. (2021), *Las plataformas de reparto en Argentina: entre el cambio de gobierno y la pandemia* (pp.1-59). Buenos Aires: Colección Método Citra, Nro. 8.

Garavaglia, P. (2022), El avance de las plataformas de trabajo en Argentina. Complejidades y desafíos en los sectores de reparto, transporte y servicio doméstico, Documento de Trabajo, CIPPEC.

Haidar, Julieta. (2020) La configuración del proceso de trabajo en las plataformas de reparto en la ciudad de Buenos Aires. Un abordaje multidimensional y multi-método. *Informes de Coyuntura Nº 11*, Instituto Gino Germani, Facultad de Ciencias Sociales, UBA.

Haidar, Julieta y Plá, Jésica. (2021). ASPO (Aislamiento Social, Preventivo y Obligatorio) y plataformas de reparto en la CABA. Sus impactos en las dinámicas de trabajo y los trabajadores, *Trabajo y Sociedad, XXII (36)*, 81-100.

Hidalgo, Kruskaya y Salazar, Carolina. (2020). *Precarización laboral en plataformas digitales una lectura desde América Latina*. Quito: Friedrich-Ebert-Stiftung Ecuador FES-ILDIS.

International Labour Organization- ILO. (2018). *Digital labour platforms and the future of work: Towards decent work in the online world.* Geneva: International Labour Office.

Korinfeld, Silvia. (2020). Los riesgos psicosociales de los repartidores de plataformas digitales en la situación de pandemia. En Neffa, J. *et al.* (eds.) (2020), *Pandemia y riesgos psicosociales en el trabajo* (pp. 99-106). Rosario: Homo Sapiens.

López Mourelo, Elva. (2020). *El trabajo en las plataformas digitales de reparto en Argentina: análisis y recomendaciones de política.* Buenos Aires; Oficina de país de la OIT para Argentina.

López Mourelo, Elva y Pereyra, Francisca. (2020). El trabajo en las plataformas digitales de reparto en la Ciudad de Buenos Aires. *Estudios Del Trabajo. Revista De La Asociación Argentina De Especialistas En Estudios Del Trabajo (ASET), (60)*, 1-32.

Madariaga, Javier, Buenadicha, César, Molina, Erika y Ernst, Christoph. (2019*). Economía de plataformas y empleo ¿Cómo es trabajar para una app en Argentina?* Buenos Aires: CIPPEC-BID - OIT.

Möhlmann, Marieke y Zalmanson, Lior. (2017). Hands on the Wheel: Navigating Algorithmic Management and Uber Drivers' Autonomy. *Eighth International Conference on Information Systems, (ICIS 2017)*, December 10-13, Seoul, South Korea.

Mugnolo, Juan Pablo, Caparrós, Lucas y Golcman, Martín. (2020). *Análisis jurídico sobre las relaciones de trabajo en los servicios de entrega de productos a domicilio a través de plataformas digitales en Argentina*, OIT, Argentina.

Muñoz, Karol. (2020). La valoración de la flexibilidad y la libertad en el trabajo en *apps*. ¿Los trabajadores de plataforma son sujetos neoliberales? En Kruskaya Hidalgo y Salazar, C. (2020): *Precarización laboral en plataformas digitales una lectura desde América Latina*. Friedrich-Ebert-Stiftung Ecuador FES-ILDIS.

Negri, Sofía. (2020). El proceso de trabajo y la experiencia de los trabajadores en las plataformas de *delivery* en Argentina. *Estudios Del Trabajo. Revista De La Asociación Argentina De Especialistas En Estudios Del Trabajo (ASET), (60)*, 1-29.

Ottaviano, Juan Manuel, O'Farrell, Juan y Maito, Matías. (2019). Organización sindical de trabajadores de plataformas digitales y criterios para el diseño de políticas públicas. *Análisis, 49,* Buenos Aires: Fundación Friedrich Ebert, 1-43.

Palermo, Hernán y Molina, Juan Ignacio. (2021). Libertad y autonomía en la incertidumbre: el caso de los trabajadores/as de plataformas de *delivery*, *15° Congreso Nacional de Estudios del Trabajo*. Buenos Aires.

Ros, Cecilia, Linne, Joaquín, Monteverde, Danila y Lombardi, Natalia. (2021), Jóvenes trabajadores de empresas digitales de reparto: valoraciones sobre el trabajo en las plataformas, sobre sus derechos y formas de participación, *15° Congreso Nacional de Estudios del Trabajo*. Buenos Aires.

Scasserra, Sofía. (2019). El despotismo de los algoritmos. Cómo regular el empleo en las plataformas. *Nueva Sociedad, 279*,133-140.

Srnicek, Nick. (2016). *Capitalismo de plataformas*. Buenos Aires: Caja Negra.

Tenconi, Tomás, Torres, Vladimiro, Vaccari, Samantha, Herrero, Gaspar, Graña, Juan M. (2021). Empleo en plataformas: la gestión algorítmica de la fuerza de trabajo en Argentina. *15° Congreso Nacional de Estudios del Trabajo*. Buenos Aires.

Todolí Signes, Adrián. (2015). El impacto de la Uber Economy en las relaciones laborales: los efectos de las plataformas virtuales en el contrato de trabajo. *IUSLabor, 3*, 1-25.

Valenduc, Gérard y Vendramin, Patricia. (2016). *Work in the digital economy: sorting the old from the new*. Working Paper ETUI. Brussels: European Trade Union Institute.

PARTE II

Trabajar —o no— en pandemia: encrucijadas vitales ante el contexto de aislamiento

L os dos Capítulos que siguen componen la segunda parte de este libro y analizan –a partir de un enfoque cualitativo– las consecuencias del aislamiento social que conllevó el Covid-19 sobre las experiencias laborales y vitales de los dos grupos de trabajadores/as que han sido objeto de estudio. Con el avance de la crisis provocada por la pandemia se pusieron en evidencia distintas situaciones, por cierto, heterogéneas, características de un mercado de trabajo signado por persistentes grados de informalidad y de precariedad. En ese contexto, los efectos de la crisis se vieron complejizados por el desarrollo de actividades exceptuadas de las restricciones para trabajar, por la interrupción y paralización de otras y por la implementación de tareas remotas desde los domicilios en otras actividades en la que esto fue posible. Si bien la "cuarentena" no afectó a todos/as por igual, podemos afirmar que ese contexto empeoró los procesos de precarización y desigualdad estructural que atraviesa a nuestro país y tuvo impactos disímiles –en términos sanitarios, económicos, sociales, laborales y emocionales entre otros– en los distintos segmentos de la población.

Esta parte del libro se propone recuperar algunas "instantáneas" de aquellos días, por un lado, la situación laboral de los/as vendedores/as callejeros inserta en una prolongada historia de vulnerabilidad que se agudizó durante la pandemia y, por otro, la situación de los *riders*, que se convirtieron inesperadamente en trabajadores/as imprescindibles 4.0, con unas condiciones laborales ya para entonces muy cuestionadas que empeoraron, aún más, durante los distintos momentos del confinamiento.

Durante el 2020, una diferencia crucial atravesó a estas dos actividades: mientras que la venta ambulante estuvo prohibida durante la vigencia de las medidas de aislamiento estricto –situando a quienes se desempeñan en esta ocupación frente a una importante crisis de sus condiciones de reproducción–, el reparto de mercancías a domicilio fue declarada una actividad esencial desde el primer decreto de ASPO y se incrementó exponencialmente a partir de allí, en tanto se constituyó en una de las principales vías utilizadas por un sector de la población para acceder a distintos bienes. Así, dos actividades que operan en términos generales como intermediarias para el comercio de bienes y que tienen como lugar principal de trabajo al espacio público, fueron abordadas desde la política pública de manera muy disímil.

Ambas actividades comparten también el hecho de no tener un reconocimiento pleno: en el caso de los/as vendedores/as este parte de la consideración de su actividad como ilegal y, ligado a ello, de las distintas perspectivas en pugna en torno al uso del espacio público. Esta situación se refleja en las distintas formas de violencia institucional que estos sufren, así como en la total desprotección en la cual llevan a cabo su trabajo. En el caso de los *riders*, el no reconocimiento se asienta en el ocultamiento de la relación laboral presente entre las empresas de plataformas y los/as trabajadores/as, concebidos/as como "socios" o "usuarios", conllevando una negación de los derechos laborales elementales.

La falta de reconocimiento –sea parcial o plena– de la condición de trabajadores de estos sectores contrasta notablemente con el lugar que el trabajo tiene en sus vidas: en ambos casos el trabajo es la principal fuente de ingresos, es la actividad que ocupa la mayor parte de la vida –a la que más tiempo se le dedica– y una de las principales fuentes de penuria. La pandemia, tanto en uno como en otro caso, puso aún más en evidencia esta situación: sea por las implicancias de "no poder trabajar" o bien por aumentar la carga laboral, la centralidad del trabajo se reforzó fuertemente en este período. Ligado a ello, el contexto de pérdida de puestos de trabajo debido al cierre de actividades y la crisis económica, implicó también una cierta aceptación de las condiciones laborales precarias frente al temor de quedarse sin empleo.

En este marco, nuestros hallazgos se proponen mostrar como uno de los ejes más relevantes de nuestra argumentación, que el trabajo constituye el eje de organización de la vida, la principal fuente de subsistencia y en muchos casos también de penurias, de las grandes mayorías. En base a estas consideraciones, esta segunda parte del libro aborda lo que implicó trabajar –"o no"– para estos/as trabajadores/as y sus hogares en el momento más complejo de la pandemia, sus vivencias, las maneras en que significaron este contexto, las estrategias adoptadas y las continuidades y rupturas que esto significó en sus trayectorias laborales y personales.

CAPÍTULO 3

"Fue como caer presos": la reproducción de la vida en riesgo en los/as vendedores/as callejeros/as

Johanna Maldovan Bonelli

Acatar el Aislamiento Social, Preventivo y Obligatorio (ASPO) no fue ni significó lo mismo para todos los sectores de la sociedad. A lo largo del 2020 diversas voces –fundamentalmente aquellas provenientes de organizaciones sociales– hicieron constante hincapié en cómo las desigualdades preexistentes implicaron diversas maneras de atravesar "la cuarentena". Las consecuencias fueron más severas para en gran parte de los sectores populares, excluidos del acceso a empleos protegidos y atravesados por fuertes carencias en los medios básicos de subsistencia. Entre ellos se ubican los/as vendedores/as callejeros. Estudiar qué sucedió con estos sectores –específicamente desde el enfoque del trabajo– permite dar cuenta también de las heterogeneidades presentes en un territorio que a priori es entendido como un enclave diferenciado al resto del país: la Ciudad de Buenos Aires. Como hemos señalado en el Capítulo 1 de este libro, la mayoría de los/as vendedores/as de Once vive, de hecho, en la ciudad. Generalmente en los barrios donde trabajan o bien en zonas aledañas donde alquilan piezas de hoteles o habitaciones en departamentos subalquilados, que suelen compartir con familiares, amigos/as y/o compañeros/as que también se dedican a la actividad. El hecho de trabajar y vivir en la Ciudad no les garantiza, sin embargo, una condición de "ciudadanía plena", y siquiera la condición de "habitantes legítimos" del territorio porteño, en parte, debido a una particular visión política del gobierno local, atravesada por fuertes componentes de clasismo y racismo al momento de delimitar quiénes son "merecedores" del uso de la Ciudad (Berardo y Vazquez, 2019).

Durante los primeros meses del ASPO ninguno de nuestros/as entrevistados/as pudo trabajar en su ocupación. La mayoría vivió este momento de manera sumamente negativa. La pandemia significó "un

shock", una situación similar a "estar presos" signada por la imposibilidad de "salir" y fundamentalmente de "salir a trabajar". Así lo relatan
Lucas, Walter y Sonia, quienes se dedican a la venta desde hace más
de diez años:

> En la pandemia no trabajé. Desde el 20 de marzo que empezó más o
> menos hasta agosto no trabajé. No se podía salir… no podía trabajar.
> *Y para vos la pandemia ¿fue igual en todos los momentos?*
> No, no. Primero fue como más estricto. Ahí no se podía salir casi ni
> a comprar. Porque salías a comprar y te paraba la policía, te pedía
> documentos, y el supermercado te queda a la vuelta de tu casa (…)
> Porque me pasó de salir a comprar al almacén y te para la policía,
> te pide documentos. Pero generalmente sí, si no salgo a trabajar no
> voy a… por ahí sí, iba a la plaza para caminar porque estaba todo
> el día encerrado, lo único. Pero después no, traté de hacer las cosas
> bien. De cuidarme y eso.
> *(Lucas, 45 años, argentino, diecisiete años de antigüedad en la venta,*
> *2021 –EV1–)*

> La pandemia me frustró un poco a mí porque yo tengo una fami-
> lia ¿viste?, una familia que mantener. Yo hace más de diez años
> estoy vendiendo en la calle, y después de la pandemia como que no
> encontraba otra cosa que hacer. Lo único que se me ocurría es hacer
> changuitas nada más para poder subsistir a mi familia. Por lo menos
> siete meses estuve así. Después de los siete meses comenzamos de
> a poco a salir a laburar a la calle, vendiendo de mano. Y bueno, a
> veces la policía no dejaba. (…)
> *(Walter, 25 años, peruano, diez años de antigüedad en la venta,*
> *2021–EV2–)*

> Mira, en pandemia, no solo para mí sino para todos, fue como caer
> presos. Pero presos con pánico. Yo quería salir, había necesidad en
> casa.
> *(Sonia, 50 años, peruana, veinte años de antigüedad en la venta,*
> *2021 –EV3–)*

El no "poder salir" significó para la mayoría de estos/as trabajadores/
as una amenaza concreta a la supervivencia, dada por la imposibilidad
de acceder a ingresos para garantizar la reproducción básica en el día
a día. Esto implica, entre las principales cuestiones, tener dinero para
comprar alimentos e insumos de higiene y limpieza, pagar el alquiler y
los servicios básicos como agua, luz, gas e internet. Respecto al último,

prácticamente ninguno de los vendedores/as que entrevistamos tenía acceso a internet por WiFi en sus hogares. Quienes contaban con datos para comunicarse vieron esta posibilidad sumamente restringida durante la pandemia, debido a la escasez de dinero y a la mayor demanda en el uso de estas vías de comunicación, especialmente en los hogares con presencia de niños/as y adolescentes en edad escolar.

En cuanto a la situación habitacional, algunos de los hoteles familiares de la ciudad permiten el pago diario, lo que constituye un facilitador para quienes abonan con sus ingresos del día. No obstante, al renovarse el contrato diariamente, esto expone a los/as inquilinos/as a que el riesgo de desalojo se presente todos los días. A dos meses de decretadas las medidas de aislamiento social obligatorio, el 13 de junio, la organización de Vendedores Ambulantes Independientes de Once (VAIO) denunció en las redes sociales la situación que estaban atravesando "las verdaderas víctimas de la cuarentena", perseguidas por las fuerzas de seguridad y discriminadas por verse en la necesidad de salir a vender para llevar el pan a sus familias y cubrir los gastos de alquiler y servicios básicos. Así lo relataban en las redes sociales:

> Todos sabemos y entendemos que en este tiempo tenemos que cuidarnos y protegernos, pero los gobiernos no entienden que hay personas que tienen que llevar alimentos a sus familias todos los días (…) Los políticos te dicen quédate en Casa, claro ellos cobran 200 o 500 mil pesos de sueldo, así cualquiera se queda en casa.... Los canales de televisión dicen quédate en casa, claro que ganan y comen y viven bien... (…) Muchos de nosotros los vendedores ambulantes estamos siendo desalojados de nuestros hogares porque ya no podemos solventar los gastos de alquiler, gastos de luz, agua, nosotros los vendedores ambulantes no vivimos del aire, también comemos y nuestros hijos también.
>
> *(Bolivia Al Aire TV, 14 de junio de 2020)*[17]

Esta situación se vincula con la informalidad y el consiguiente desamparo, a pesar de las regulaciones de alquileres dictadas por el Gobierno Nacional (DNU 320/2020) que prohibió los desalojos hasta el 30 de septiembre. Al respecto, si bien ninguno de nuestros/as entrevistados/as afirmó la existencia de desalojos efectivos, sí se han registrado amenazas por parte de los propietarios en caso de falta de pago, conllevando diversas situaciones de estrés e incertidumbre ante tal posibilidad. Dada

---

17 Recuperado de: <https://www.facebook.com/BoliviaAlAireTV/photos/la-otra-cara-de-la-cuarentenalos-funcionarios-te-dicen-qu%C3%A9date-en-casa-claro-con/3322599757751468/>.

la inexistencia de contratos en la mayor parte de los casos, la posibilidad de prorrogar los pagos quedó librada a acuerdos informales entre las partes, dependiendo de la buena voluntad y la capacidad de compresión de las situaciones vividas por parte de los/as propietarios/as. Algunos fragmentos de entrevistas retratan estas situaciones:

A mí, como persona, me costó bastante, creo que emocionalmente un poco mal porque entre que no se podía trabajar –para variar yo tenía que pagar la facultad, con lo cual, así como siguieron las clases virtuales, también había que pagarlas, ¿no? Con lo cual, bueno, no tenía trabajo, de a poco los ahorros que tenía se me fueron yendo en el trascurso de los meses y me quedé en la nada, y empezaron a presionarme en el tema del alquiler, no podía pagarlo. Y a veces los hombres que te alquilan no entienden que estás cursando por una situación difícil…

(Sabrina, 35 años, peruana, seis años de antigüedad en la venta, 2021 –EV4–)

Con el encierro no pude trabajar. Cuando el padre de mi hijo me pagaba manutención yo junté esa plata y no pagué el alquiler. Porque en pandemia había una ley que no se pagaba alquiler hasta septiembre, algo así. El señor me llamaba para saber qué pasaba con el alquiler. Le mandaba fotos de que estaba internada y me decía "¿sabes qué? no pasa nada, después me pagas cuando puedas". Buen tipo. Así fui juntando esa plata y me manejé haciendo envíos. Compraba mercadería y publicaba por internet. Publicaba y me hacían pedidos. Sacaba muy poco igual. Pero empecé a trabajar con esa plata, porque si le pagaba al de la inmobiliaria ¿qué hubiera sido de mí? Dije, "primero saco fruto y después pago" y fui juntando hasta hacer buen capital. Tenía seis meses que debía y los pagué. Me puse en regla y me felicitó el de la inmobiliaria.

(Isabel, 55 años, peruana, quince años de antigüedad en la venta, 2021 –EV5–)

No sabíamos qué íbamos a hacer. Por eso en julio me fui a la calle. Porque ¿quién nos va a dar de comer? ¿la luz y el gas cómo se paga? el alquiler...

¿Y ahí te negoció algo el dueño?

Sí, yo le dije que la mitad solo le iba a pagar. La luz y el gas pagaba todo, me prestaban compañeros.

(Carlos, 38 años, peruano, once años de antigüedad en la venta, 2021 –EV6–)

Las consecuencias económicas para estos hogares no fueron causadas únicamente por la imposibilidad de trabajar en la calle, sino también por el hecho de que en varios casos también otros integrantes perdieron su trabajo o no pudieron trabajar por algunos meses. Tal como en el caso de los/as vendedores, quienes comparten sus hogares suelen también trabajar "de manera independiente" o bien en empleos informales. Como hemos visto en la introducción de este libro, los/as trabajadores por cuenta propia y los asalariados/as informales fueron quienes más afectados/as se vieron en términos relativos por la pérdida de sus fuentes de trabajo durante el segundo trimestre del 2020. Así lo relata Lucía, quien convivía con su hija, su yerno y su nieta:

…Yo antes de la pandemia trabajaba, vendía sandalias, ropita, cualquier cosita. Con la pandemia quedé encerrada y no trabajé. Porque yo trabajaba de limpieza, pero no trabajé hasta septiembre, octubre. Yo comencé a vender ahí mis tamales, Espacio Público no quería a nadie, asique empecé a vender poquito a poquito. Pero la encerrada me tocó muy mal. No trabajó mi hija ni mi yerno. A él lo botaron del trabajo. A mi hija que trabajaba con una señora anciana dos horas, tres veces a la semana y con eso y con el alimento que nos daban del jardín de mi nieta nos sosteníamos. Porque la verdad nos encontró sin nada de plata ni alimentos (…) pero gracias a Dios, aunque sea comíamos frijoles, garbanzos que nos daban del colegio.

(Lucía, 55 años, peruana, tres años de antigüedad en la venta, 2021 –EV7–)

Así, para gran parte de estos/as trabajadores/as las posibilidades de garantizar la reproducción cotidiana quedaron fuertemente determinadas por la posibilidad de acceso a recursos provenientes de políticas estatales o bien de redes comunitarias, vecinales y familiares o de organizaciones comunitarias y sociales, en el mejor de los casos. En otros –o muchas veces como complemento de ello- se debió recurrir al endeudamiento, a la venta de cosas del hogar (como electrodomésticos o ropa) y a los magros ahorros existentes.

Vos me decías que durante la pandemia empezó el "parate" y estuviste ahí cuatro meses sin poder salir a trabajar. Y ahí, ¿trabajaste de otras cosas?

En ese tiempo no.

¿Tenías ahorros? ¿Viviste de ayuda?

De ahorro, sí. Como se pueda.

O sea que cuando se empezó a abrir un poco volviste a trabajar como vendedor...

Ahí ya a vender. Por ahí te quedaban deudas de la pandemia, sumado con el alquiler y esas cosas, uno empieza a cubrir de nuevo las deudas que se generaron. *(Lucas, EV1)*

Nos agarró de sorpresa todo, ¿no? nos agarró de sorpresa. Después teníamos algo, decía "una semana, dos semanas, un mes quizás dos meses" pero se alargó mucho. La preocupación era mía porque tenía a mi nieto. Y esa era una preocupación mía que cada vez que pasaba había menos plata y menos plata. Y bueno, en ese momento como tenía cosas, yo comencé a venderlas. Vendí un microondas, un horno y otras cositas más. Lo rematé todo. A mí me agarró mal, diciendo hoy tengo, pero mañana puedo salir a trabajar, y pasó que no se podía. *(Roxana, 40 años, peruana, veinte años de antigüedad en la venta, 2021 –EV8–)*

¿Nunca pensaste volver allá? (refiere a la Villa 31, donde la entrevistada trabajaba antes de la pandemia con un carro vendiendo alimentos)

No, porque para empezar tenía que pagar donde había guardado mis cositas. Y no tenía el dinero, tampoco tenía capital para poder comprar mi mercadería. O sea, no tenía el capital para poder invertir y salir a trabajar en la calle. Y aparte que yo alquilaba, para guardar pagaba cuatro mil pesos mensuales, y mira cuánto tiempo había pasado. El carro, mi capital de gaseosa, mi sombrilla, mi banquita se quedaron ahí. No las pude recuperar. Y estoy viendo justamente de ir y ver si todavía se pueden recuperar, qué se yo. Porque de verdad estaban mis cositas. *(Liliana, 45 años, peruana, cinco años de antigüedad en la venta, 2021 –EV9–)*

Este proceso de descapitalización conllevó a una mayor pauperización de las condiciones de vida –ya por demás precarias– y en ocasiones implicó dificultades para la vuelta al trabajo, en tanto que el escaso dinero acumulado suele destinarse a comprar bienes para la venta en la calle. La cuestión del endeudamiento en los sectores populares como una de las dimensiones centrales para pensar las relaciones de explotación en las que se encuentran insertos ha sido analizada por diversas investigaciones entre las cuales algunas lo han señalado como el eje a partir del cual se estructura la nueva cuestión social a nivel global (Wilkis, 2021). Otras han abordado esta problemática desde una perspectiva de género, destacando la relación entre los cuidados, las estrategias de financiamiento de los hogares y los usos del dinero por parte de las mujeres (Fournier y Cascardo, 2022) y poniendo de relieve la asociación entre endeudamiento, violencia machista y autonomía (Cavallero y Gago, 2020). Al respecto, durante la pandemia un informe del Ministerio de Desarrollo social ha mostrado que, a partir del período de crisis iniciado en el 2018, aumentaron significativamente los hogares solicitantes de créditos y aquellos que debieron desprenderse de bienes, especialmente entre los hogares del quintil de menores ingresos –que pasó del 18% al 28% entre el 2016 y el 2020 para quienes estuvieron en esta situación–. Asimismo, que durante la pandemia estos hogares se basaron en mucho mayor medida en los préstamos familiares y de amigos, llevando a que la brecha respecto a los quintiles de mayores ingresos alcance el 28%, respecto al 12% de 2016 (Wilkis, 2022).

A esta situación se añade otra complejidad, vinculada a las escasas y precarias posibilidades que tienen estos/as trabajadores/as de encontrar un trabajo en relación de dependencia. Los testimonios personifican algunos de los datos que presentamos en el Capítulo 1 de este libro: una parte importante de quienes trabajan en la calle son personas que, por su edad y estado de salud, son excluidas de la posibilidad de elegir otras opciones de empleo. Esta cuestión es clave para comprender la situación de los/as vendedores/as frente a la pandemia y el modo en que distintas dimensiones de la desigualdad se combinan profundizando la situación de vulnerabilidad. Además de que muchos vendedores/as callejeros se encuentran dentro de los grupos de riesgo ante el Covid-19, prácticamente ninguno de los casos relevados contaba con cobertura de salud. La desprotección derivada de la informalidad y la inexistencia de formas de reconocimiento institucional de esta actividad como un trabajo, que garanticen el acceso a derechos y seguridad social, colocaron a estos trabajadores/as en una situación crítica (Maldovan Bonelli *et al.*, 2021).

En este marco, la venta callejera aparece no solo como el último lugar al que acudir, sino también como una oportunidad para garantizar la reproducción de la vida ante un mercado de trabajo cada vez más precarizado, que no contempla la organización cotidiana de la vida en situaciones heterogéneas y que se caracteriza por una estructura cada vez más polarizada. Que, a su vez, deja por fuera a quienes no se consideran "aptos" para trabajar, a pesar de sus capacidades y experiencias. El mercado de trabajo se organiza bajo diversas lógicas excluyentes que se profundizan en las poblaciones de mayor edad, las mujeres, aquellos/as con menores credenciales educativas y más aun, en quienes padecen algún problema crónico de salud o son migrantes. Cuando las ofrece, en general suele hacerlo bajo condiciones de suma precariedad y altos niveles de explotación. Así lo reflejan las trayectorias laborales de nuestros/as entrevistados/as y, particularmente, lo que sucedió en algunos casos que durante la pandemia pudieron emplearse en otras ocupaciones para generar ingresos:

> …el trabajo de cuidado de pacientes justamente empezó a salir cuando estábamos en plena pandemia. Bueno, a veces ese trabajo tiene controversias, también. Una es que son personas adultas mayores que están en cuidados paliativos, tienen deterioro cognitivo y llega un momento en que estás trabajando un mes, dos meses, y el paciente fallece. Y quedas sin trabajo y eso es lo que a mí me pasa (…) Para mantener como se dice un estatus económico tenía que tener tres, cuatro pacientes, mínimo. Porque fallece uno, ya me quedo con dos. Pero si tienes uno solo, te quedas a la deriva. Y a medida que fue la pandemia profundizándose más, muchas personas quedaron sin trabajo, sin dinero. Las personas ya no pueden solventar, pagar a un profesional para que trabaje o le cuide al familiar. Es eso también, entonces uno se ve sin trabajo (…) Yo estaba trabajando turno noche. El ingreso del trabajo era seis de la tarde a seis de la mañana. Todo ese tiempo tenía que estar despierta y estar pendiente del paciente. Y bueno, porque los adultos mayores a veces –hay pacientes que no duermen toda la noche. Están caminando, o están en cuidados paliativos que la verdad que es una situación muy difícil. Y después me quedé sin trabajo también. Ya no me salía para trabajar con pacientes, y tuve que volver a trabajar en Once. *(Sabrina, EV4)*

> Durante la pandemia ayudaba en una verdulería. Fue mediante un amigo, que tenía el negocio y me ofreció si le podía ayudar. Me dijo que me quería dar una ayuda. No laburaba todos los días, tres veces por semana nada más. *(Walter, EV2)*

> La pandemia la pasé re mal. Justo cuando empezó tenía unos ahorros, poquitos, pero no podía como resolver. Yo vivo con mi nene, por miedo no podía salir a trabajar en la calle. A veces iba a verdulerías a empacar verduras, pero me pagaban una miseria, como un abuso. A veces no me pagaban, a veces me pagaban fruta o verduras picadas. Además, durante la pandemia me dio apendicitis y por miedo no me quería ni acercar al hospital. Entonces mis hijos me dicen que tengo que ir, pero yo no quería ir, y cuando entré por guardia porque ya me sentía muy mal, la doctora me dijo que tenía que operar de urgencia porque si reventaba era peor (…) Cuando salí del hospital estuve en cama, no tenía para comer. La pasé re mal esos días. A veces una

vez al día comíamos. Dormíamos hasta que supuestamente llegue el almuerzo. Entonces el almuerzo lo hacíamos para dos, para la noche y para el almuerzo. Comíamos almuerzo y dejábamos algo para la noche. Así la pasábamos. En la verdulería a veces me pagaban doscientos, trescientos pesos y compraba pan o galletitas, algo. Era horrible, encima tirada en cama, sin hacer nada. Me deprimía. *(Isabel, EV5)*

Los distintos relatos recabados dejan entrever una de las consecuencias –quizás entre las menos abordadas desde los análisis laborales y económicos– de la pandemia que refiere a lo que en palabras de una de nuestras entrevistadas fue el "daño psicológico" generado por una situación de incertidumbre extrema que para miles de personas supuso no contar con el pan en la mesa en el día a día. La problemática de la incertidumbre, abordada por una parte sustantiva de los estudios laborales vinculados a la precariedad, es llevada en este caso al extremo. No refiere aquí a la perennidad de los contratos o bien a la inexistencia de vínculos formales en el empleo, sino a las implicancias de "vivir al día" que quedaron truncadas ante la imposibilidad objetiva de salir a trabajar. Es decir, la incertidumbre signada como lo incierto del futuro, encuentra abruptamente acortado su horizonte temporal: lo que deviene incierta es la posibilidad de alimentarse en el día a día derivada de la imposibilidad de trabajar durante la pandemia, o bien en tiempos "normales" de la imprevisibilidad de los ingresos provenientes de estos trabajos. Así lo expresan algunos de nuestros/as entrevistados/as:

Primero lo tomábamos como que ya va a pasar. Pero después cada vez un poquito más apagados por la preocupación. Era que nos poníamos tristes (…) a veces te daba como ya pocas ganas de comer, pero estábamos pendientes del nene. Porque parábamos, qué se yo, nos quedábamos platicando... Se sentía un poco ya más triste, ya pasa una semana, cada vez menos. Quince días más, quince días más, y siempre pasaban quince días y pasaban meses y nunca. Ya nos teníamos que preocupar solamente por el dinero –que ya estaba en cero–, después ya tuve que sí o sí salir a la calle. Sí, vendí, hacíamos lo que nos daba la comida, en dos oportunidades salió comedor, pero después no salió.
¿Por qué?
No sé, había mucha gente, dijeron. Hago lo que tengo en casa. Si hay para comer carne, pollo, hay. Si no hay, manteca, queso, lo que sea. Yo ya no veía las horas que termine, "quiero salir, quiero salir", "Mamá qué hacemos, qué hacemos". Se nos cortó totalmente, casi no teníamos plata, esperar solamente que lleguen los víveres. *(Roxana, EV8)*

Yo vendí ocho meses, un año los helados de agua. Después trabajé en casa por dos años. Me tocó buena gente, pero mi vista ya no daba, me daba vergüenza porque lagrimeaba. En invierno me lloran mucho los ojos porque no tengo pestañas. Así que dejé ese trabajo. Después empecé a vender ropa en la calle. Tenía una manta, pero era siempre a las corridas. Iba juntando mi platita poquito a poquito y ahí me agarra la cuarentena. Lo poquito que tenía, lo comíamos, midiendo o no midiendo. A veces los chicos no entienden, te piden y te piden, y yo les digo "nos vamos a comer todo en un día y ¿después qué, nos van a encerrar y qué comemos?" *(Isabel, EV5)*

El impacto emocional de estas situaciones aparece en muchos de nuestros entrevistados/as amplificado por su condición de migrantes. En nuestro caso, la mayoría peruanos, debieron afrontar la pérdida de familiares a la distancia y la imposibilidad de viajar para visitar a sus familiares directos.

Yo me deprimí, no sabía qué hacer. Y cuando me llevaban al doctor, no podían llevarme al doctor porque tenía que sacar turno y no daban. Yo me sentía muy mal porque estaba parada pero no sabía dónde estaba. Una señora me dijo que podía ser por la presión de mis hermanos que murieron. Porque mi hermana murió el 18 de abril y mi hermano el 11 de mayo. Y con la muerte de mi hermano me solté de nervios y estuve un mes y medio que no podía ni comer. Estuve delgadita, no podía comer. Parecía que me iba a agarrar la enfermedad, yo me cuidaba de todo, le tiraba lejía a todo. Porque con esa presión de que mis hermanos habían muerto, pensé que me iba a agarrar la enfermedad, y me dio tiempo después, visitando a un hijo que recién empezaba a trabajar, en junio o julio. *(Lucía, EV7)*

A mí la pandemia me agarró fundamentalmente sola porque justamente en el mes de marzo, primeros días de marzo, mi pareja viajó a Perú, y éramos nosotros dos los que trabajábamos en la calle. Entonces al viajar él a Perú, yo quedé con algo de efectivo en casa y con la finalidad de que supuestamente en un mes iba a parar la pandemia. Usted sabe que el dinero no era muy alto y no tenía ingresos, entonces, me costó bastante. Entré en cuadro de depresión, en el cual estaba empastillada hasta para dormir, el mundo no existía, por lo que yo estaba pasando solita. Acá en Argentina, yo soy peruana. *(Liliana, EV9)*

Esto se vuelve especialmente significativo en el caso de las mujeres que suelen dejar o "mandar" a algunos/as de sus hijos/as –generalmente

los más pequeños/as– a vivir con sus familias en los lugares de origen, dada la dificultad que muchas veces tienen para articular las tareas
reproductivas con el trabajo en la calle durante extensas jornadas. Así, la
presencia de maternidades trasnacionales aparece como una constante en
las historias y/o el presente de muchas de estas trabajadoras y sus hijos/as.

…y para colmo iban muriendo amigos con ese mal. Entonces para
nosotros fue muy traumante, ya que tenía un familiar o tengo amigos
de casi de mi edad, que dejaron heridas que quedan ahí, ¿vistes? La
pérdida de un familiar. Y para colmo, antes de pandemia que vino este
virus, cae mal mi niña. Le detectan cáncer en su piernita, en Perú. Y
tuve que rajarme a Perú yo, dejando todo. Y antes que en pandemia
también se lance, la traemos a Buenos Aires, allá le querían cortar
la piernita. *(Sonia, EV3)*

Yo vine de Perú dejando mis hijos para ayudar a mi esposo que estaba
acá. Ahora él está muy bien, soy yo solamente la que sigue mal. Nos
separamos, perdí a mi abuelita, mi hermano está grave, papá está mal.
Tengo muchas cosas que me tienen muy mal. La verdad que trato de
estar de pie quiero llegar para fin de año y ver a mis hijos. Porque si
no tuviera a mis hijos, no tendría motivos, te lo juro (…) y bueno,
como te digo, yo seguiré trabajando. Ya recién empecé ayer, que
bueno, que salí para vender para pagar las cuentas (…) Pienso que
hoy acá tengo un trabajo. Yo ya hace que tengo una vida acá, tengo
una habitación, me tengo un dinerito. En mi país no es muy buena la
educación. Tengo mi niño que sufre de los riñones. Él tiene un riñón
grande y un riñón pequeño, y el pequeño trabaja más que el grande,
y el grande no trabaja. Entonces en Perú allá llega una vez al mes un
solo nefrólogo al hospital. Entonces a él cada cuatro meses le hacen
nefrología. Él tiene muchos medicamentos, tiene quince años y cada
vez que lo llevan a nefrología pasa en la cama con pañal diez días.
¿Y ahora están con tu mamá ellos?
Con mi mamá. Los dos porque el mayor ya es independiente. Tiene
su negocito. Él es igual que yo, le gusta el negocio. *(Liliana, EV9)*

En ese tiempo cuando vendía en Once, vivía ahí. En ese tiempo
estaba con el padre de mi hijo, salía a la tarde a vender. Lo conocí
como fabricante de mochilas. Yo me levantaba, llevaba a mi hijo a la
escuela, regresaba y cocinaba, cortaba cinta y ayudaba a los chicos
que trabajaban para nosotros. Después me iba a las cuatro a vender
a Florida con el colectivo 56. Cuando estuve con el padre de mi hijo,
empezaron los problemas. Él es muy machista, me pegaba mucho.
Yo lo ayudaba en casa, con el taller, a veces no dormía hasta las dos

de la mañana. Él no lo valoraba. Me iba a Florida a vender, dejando todo listo, y me hacía problema que la plata que conseguía tenía que dársela a él. Yo tenía mis dos hijos de mi primer compromiso. Estaban en Perú y eran chiquitos, tenías que mandarles para que coman. Él sabía que tenía hijos. Se negaba a ayudarme (…) Me decía que no hacía nada, pero yo hacía todo. Cocinaba para él y los empleados, limpiaba. Yo llegaba a las doce de la noche y me decía que estaba con otros. Eso ni se me cruzaba. Yo no entendía mucho de celulares, y él me mandaba mensajes como privado, y yo le contaba y me hacía escenas de celos. Entonces agarré y me separé. Él me echó de la casa. Yo buscaba casa con mi hijo y nadie me aceptaba. *(Isabel, EV5)*

En el caso de aquellas que tienen hijos/as convivientes, suele tratarse de madres solteras o bien separadas, en las cuales los progenitores varones tienen una escasa presencia –cuando no nula– en la crianza y el aporte al sostenimiento del hogar. Sumado a ello, la alusión a situaciones de violencia por razones de género aparece generalmente como una de las principales causas de separación. Diversos estudios mostraron cómo durante el 2020 la limitación de los apoyos externos familiares, comunitarios o públicos durante la pandemia, conllevó una importante sobrecarga en las tareas de cuidado para las mujeres (Goren *et al.*, 2021); lo cual en el caso de estas trabajadoras también se dio, con algunas particularidades, vinculadas a las mencionadas condiciones precarias de las viviendas, la suspensión en el flujo de ingresos de los hogares y la importante dificultad para propiciar una continuidad en la escolaridad de los/as niños/as y adolescentes dada la falta de acceso a internet y dispositivos adecuados.

Ella tenía las clases de nueve y media de la mañana hasta las once y media. Yo hablaba con los profesores de ella y decía que iba a estar en el *classroom* hasta que se me acabe la batería o se terminen los datos. Yo antes tenía cable y Wifi, y a medida que no puedes pagarlo, lo das de baja. Y yo les expliqué a los profesores y a la directora, que no cuento con eso y que iba a utilizar los datos. Pero bueno, a medida que empecé a trabajar, empecé a pagar, y hay cosas que tuve que dar de baja. *(Sabrina, EV4)*

¿Y cómo es un día de trabajo ahora, durante la pandemia?
Volví acá a Once. Es cansador, más cuando salís con hijos chicos. Tenés que salir a la mañana, armar el puesto, llevar a los enanos al jardín, volver a trabajar, después volver a retirar a los chicos. Te mata, es cansador, porque primero eran dos horas que estaban nada más. Cuando recién empezaban era una hora. Me quedaba afuera

esperando, porque no podía volver. Un lío era. Había días que no iba, días que iba. A veces se me complicaba mucho.
(Susana, 45 años, peruana, diecinueve años de antigüedad en la venta, 2021 –EV10–)

Mi sobrina sí me ayudaba a cuidar a mi nieto cuando iba a trabajar. Yo lo dejaba al nenito, me lo cuidaba y yo en la tarde iba a retirarlo. Sí, sí, ella lo iba a dejar a las diez de la mañana, hasta por ahí las cuatro y media, cinco. Iba yo o iba mi hijo y de ahí nos íbamos a la casa (…) y bueno, claro, le daba también una propina, entre dos algo también, como las cosas que él tenía que comer (…) En Once vamos, nos repartimos la mercadería y cada uno va por su lado. A veces lo dejábamos toda la semana, como a veces lo dejábamos tres veces por semana. Hasta la calle le llevaba. En la calle hasta últimamente, ahora está más grande y entiende más. Lo llevaba en una caja de periódicos, en la juguetería pedí que me regalen cajas grandes. Él le gusta meterse, casi lo meto adentro, jugando. Dejaba un espacio chico para vender y un espacio para él. Y hacía un juego. Ahora también. Pero ahora que está más grande no lo estoy llevando. Ya cuando unas compañeras que tenía al lado me ayudan. Entonces yo iba corriendo a la casa a cocinarle. Me regresaba con comida. Porque no se podía comer mucho en la calle. Bueno y de ahí lo dejaba con mi sobrina, cuando no se podía lo llevaba a la calle. *(Roxana, EV8)*

Sumado a ello, muchas de estas mujeres cuentan con escasas credenciales educativas (la amplia mayoría de las vendedoras apenas terminó el nivel primario de escolarización[18]), lo cual conllevó a diversas dificultades en el acompañamiento y apoyo de sus hijos/as para la realización de las tareas.

Yo, aunque quiera enseñarle a mi hijo y ayudarlo a hacer las tareas, no entiendo nada de lo que hace. Quizás porque no terminé mis estudios. En la pandemia no aprendió nada. Porque una cosa es virtual y otra es presencial. *(Isabel, EV5)*

Así, la pandemia y la situación de aislamiento han visibilizado la centralidad de los soportes sociales e institucionales de la vida social y el conjunto de tareas sistemáticas y cotidianas que realizan las mujeres para garantizar la sostenibilidad de la vida.

---

18 De acuerdo con los datos del RENATEP (2020) de las personas inscriptas en la rama de Comercio Popular y Trabajos en Espacios Públicos que declararon el nivel educativo, el 53,1% no terminó los estudios obligatorios.

Cuando trabajar se vuelve un riesgo: la vuelta a las calles

Pasados pocos meses del inicio de la cuarentena, para gran parte de los/as vendedores/as la situación de no-trabajo se hizo insostenible. Ante ello, varios/as decidieron volver a la calle, aun cuando ello implicaba, al menos un doble riesgo: por un lado, en un contexto en el cual las vacunas aún no se habían desarrollado y el conocimiento sobre las formas de transmisión y evolución del virus eran bastante inciertas, el riesgo al contagio suponía arriesgar la propia vida o la de los integrantes del hogar; por otro, salir trabajar en la calle en el marco de vigencia de la prohibición a la circulación (al menos sin un permiso habilitante o por un motivo específico que lo justifique) implicaba exponerse a la persecución policial que, aunque ya existente en el período previo a la pandemia, se intensificó en el nuevo contexto.

No, te digo no nos permitían. Todo así de manos, paraditos. Y para mí eso era mortal porque me mataba la columna. Pero tenía que trabajar para comprar algo porque ya no teníamos en casa. Inclusive los víveres, tampoco no nos daban todavía los víveres. Inclusive yo, hasta comida no podía comer, porque no teníamos. Yo a la gente no les entiendo, "yo soy igual de ustedes, yo no soy gente adinerada, hago mis cosas". *(Sonia, EV3)*

…en mayo, en abril tenía un poquito de dinero guardado. Y ahí salimos a la calle a que nos siguiera la policía. Estábamos en la plaza vendiendo, y nos correteaban, nos quitaban, tenías que escapar. Y así empezamos a vender porque no aguantábamos ya. Todos los días encerrado, no había para comer. Era un caos. Psicológicamente tenías que ponerte fuerte porque no quedaba otra.

Me dijiste que estabas vendiendo trapos, todo eso y en marzo empezó la pandemia y fuiste.

Claro, justo había juntado una platita. Por eso aguante todo abril encerrado. En mayo ya no había nada. Y nos mandamos mensajes y vamos a vender a Plaza Once. Tenía alcohol en gel, había comprado al mayor. *(Carlos, EV6)*

…la policía te agarraba y de la avenida solamente a vender a laterales. Sí, la policía te echaba, nos discriminaba, también la gente de la calle, "se van a su país, vienen aquí a quitar el trabajo a otro" (…) También nos pedían documento. Bueno a mí me pidieron, no sé a los demás, y no nos permitían vender… tenías que agarrar tus cosas y me tuve que ir, y de vuelta a regresar (…) En ese momento me puse en Pueyrredón. Pero todo de manos, de manos, venían, nos corrían, nos íbamos, y así. Pero cada vez se tomaba un poquito más. Yo salí desde junio, antes. Porque éramos poquititos, así nomás, y una mochilita, y nada. Me guardaba cuando nos íbamos, sí, no podía quedarme. Tenía que llevar algo. Me contentaba cuando vendía mil pesitos, no importa. Porque no se podía vender más. No podía cargar toda la mercadería. La policía nos corría varias veces y paraban. Ya no se podía, estaba prohibido totalmente, pero teníamos que comer, yo no tenía entrada de otro lado. Estábamos así, luchando contra la policía que nos decía, o regresábamos nuevamente, o me iba, me hacía la que me iba, pero regresaba. Tanto que no se podía, se ponían en cada cuadra, digo "bueno, me voy", no se puede. *(Roxana, EV8)*

Yo salí el año pasado en octubre. No quería salir porque mis hijos son chiquitos. Salía a comprar uno solo, mi marido, y cuando volvía le ponía alcohol por todos lados. Él era el único que salía. Hasta que me animé a salir a vender, porque mi mamá me decía "hija están vendiendo, vamos". Con miedo a salir. Hasta que me acostumbré. A mí no me importa que me dé el virus. Tenía miedo por mis hijos que son chiquitos. No quería que se me enfermen (...) fui a otro lado donde nunca había ido a vender. Tenía miedo de que me boten. Empecé a vender y vendí doscientos pesos. Dije "uy, tengo doscientos pesos", era mucho para mí. Mi mamá estaba cerca y le digo "mamá, vendí doscientos pesos" "bien hija, vas a vender", me dijo. Ese primer día que fui vendí setecientos pesos. Fui a vender cerca de Congreso. Porque para acá, para este lado no se podía. Estaba toda la policía, Espacio Público. Entonces no se podía trabajar. *(Susana, EV10)*

Así, salir a la calle implicó "arriesgarse" a ser objeto de persecución o bien a contagiarse del virus. Quienes salieron debieron apelar a algunas estrategias como tratar de pasar desapercibidos, "vender de mano", salir con poca mercadería, moverse de manera constante y esconder entre sus ropas los productos que vendían. En ocasiones ello no fue suficiente: algunos/as vendedores/as sufrieron confiscaciones y fueron increpados/as por las fuerzas de seguridad. Ante ello, varios/as trabajadores/as recurrieron a estrategias grupales para protegerse de los embates policiales, aunque estas no estuvieron exentas de conflictos. Parte de estos involucraron peleas entre distintos grupos, centradas en establecer un código común de trabajo en la calle, como respetar horarios de llegada y espacios a ocupar. Como veremos en el Capítulo 5, el camino hacia la construcción de acuerdos colectivos generó diversas tensiones, ligadas a la construcción de "reglas" comunes para todos/as.

¿Y vendías siempre en Once? No te fuiste para otra zona.

No. Encima estaba la ley de la pandemia, porque te ponían causa o una papeleta por estar en la calle. Te ponían una multa de diez mil, setenta mil. A mí no me agarraban, yo escapaba.

En ese tiempo no podías trabajar las horas que trabajabas antes, ¿Cuántas horas trabajabas?

A veces ibas a las diez, once. Temprano solito, fuiste. Nos veníamos cinco, diez, también venían senegaleses.

O sea, en julio ya empezaste a salir...

Sí, nos arriesgamos entre diez compañeros. "Vamos, ¿qué vamos a hacer encerrados?" y nos seguían los policías. Porque estaba prohibido salir, solo con permiso nada más ¿y qué permiso vamos a tener? Si somos vendedores ambulantes. Peor todavía.

¿Y había gente transitando?

No, no se vendía nada. A veces vendía dos alcoholes en gel y decía "Bien, por fin voy a poder comprarme un pedacito de pollo". Y así estábamos hasta mayo, julio que empezamos a arriesgarnos. Agarramos la red de Corrientes para arriba. Ahí los senegaleses también, decíamos que íbamos a vender desde las diez, por ganar lugar venían a las cinco de la mañana. No puedes hacer eso. La regla es de diez para arriba. La regla la ponemos nosotros, los vendedores. No podés vender a las siete de la mañana, hay mucha brigada, policía. *(Carlos, EV6)*

Bueno, hasta que empecé a ver que algunos compañeros –que hoy día son compañeros del grupo VAIO– salían a la calle a vender de la manito. Yo opté por observar que la gente salía, y vendía. Entonces fue, bueno, yo ahí empecé a comprar las ruanas acá en Once y empecé a vender en la calle en Pueyrredón y Mitre. Hasta Rivadavia también, pero llegaba la policía y ya nos botaba, era pesadilla. Créame que antes de pertenecer a la agrupación era una pesadilla trabajar aquí. ¿Por qué? Porque nos parábamos a vender, como le dije al principio, venía un cliente, le íbamos a vender nuestra primera venta, llegaba la policía y nos corríamos. Ya no lográbamos la venta. O sino estábamos distraídas, venían nos quitaban nuestra bolsa, sin explicación a nada, nos trataban mal. Era una pesadilla. A raíz, ingresé a la agrupación VAIO. Esto ha sido en plena pandemia mes de junio. La gente empezó por necesidad a salir a trabajar en la calle así en manito. Ahí me quitaron mercadería también, no tenían pena. Pero yo les decía: "tengan piedad no tenemos para comer, tenemos que trabajar, respeten por lo menos ustedes tienen un sueldo, nosotros no tenemos nada". Y el alquiler no te respetan, te corren. *(Liliana, EV9)*

Con el correr de los meses las estrategias colectivas se hicieron más fuertes. Hacia septiembre, en un contexto de descenso de los casos de coronavirus y de mayor apertura a la actividad económica, gran parte de los/as vendedores/as regresó a las calles. A la par de ello se incrementaron las prácticas persecutorias y represivas: "nos trataban mal" "nos quitaban" "no te respetan" "nos corrían" "no se podía" son algunas de las frases que aparecen de manera sistemática en los relatos recabados. Ante ese no poder y pasados cerca de seis meses de declarado el aislamiento la situación devino insostenible. Frente a ello, las estrategias colectivas cobraron fuerza y a lo largo de los meses siguientes se fortalecieron los grupos que habían emergido como respuesta a la persecución del gobierno de la Ciudad en el período previo a la pandemia. Este proceso, junto a las demandas, desafíos y horizontes de una de estas organizaciones, los abordaremos en el Capítulo 5.

Referencias bibliográficas

Berardo, Martina y Vazquez, Diego. (2019). La Pro-Puesta de Humanizar El Espacio Público de La Ciudad de Buenos Aires. En A. F. Neer, A. González, M. Greco, y V. L. B. d. Boisriou (Eds.), *Las ciencias sociales en tiempos de ajuste*. Buenos Aires: CLACSO.

Cavallero, Lucía y Gago, Verónica. (2020). *Una lectura feminista de la deuda ¡Vivas, libres y desendeudadas nos queremos!* Ciudad Autónoma de Buenos Aires: Tinta Limón y Fundación Rosa Luxemburgo.

Decreto de Necesidad y Urgencia 320 de 2020.

Fournier, Marisa y Cascardo, Florencia. (2022). *Deudas, cuidados y vulnerabilidad: el caso de las organizaciones comunitarias y los espacios asociativos de cuidado en la Argentina*. Documentos de Proyectos (LC/TS.2022/52, LC/BUE/TS.2022/4), Santiago: Comisión Económica para América Latina y el Caribe (CEPAL) https://repositorio.cepal.org/handle/11362/47885

Goren, Nora, Maldovan Bonelli, Johanna, Dzembrowski, Nicolás y Ferrón, Guillermo. (2021). *Trabajo productivo y reproductivo en los hogares de PBA: Cambios y continuidades en 11 sectores de actividad durante la pandemia del Covid-19*. José C. Paz, Buenos Aires: EDUNPAZ.

Maldovan Bonelli, Johanna, Hopp, Malena, Frega, Mariana y Trajtemberg, Agustina. (2021). Venta callejera, género y desigualdades en tiempos de pandemia. En C. V. Zurita, J. M. Cató, y L. Spinosa (Eds.), *Un fantasma recorre el mundo Las ciencias sociales ante la pandemia* Santiago del Estero: EDUNSE UNSE-Indes-Conicet.

Wilkis, Ariel. (2021). *Las Formas Elementales del Endeudamiento: Consumo y Crédito en las Clases Populares y Medias de Buenos Aires y Santa Fe (2010-2019)*: Santa Fe: Ediciones UNL.

Wilkis, Ariel; Figueiro, Pablo. (2022). *Estudio sobre endeudamientos de familias de sectores populares urbanos*. Dirección General de Información Social Estratégica,

Ministerio de Desarrollo Social Argentina. https://www.argentina.gob.ar/sites/default/files/informe_endeudamiento_mds_unsam_mayo_2022.pdf

CAPÍTULO 4

La pesada mochila de los/as trabajadores/as esenciales: 'riders' en tiempos de pandemia

Andrea Del Bono

Cuando la pandemia de Covid-19 golpeó a la Argentina, progresivamente, todas las ciudades y regiones del país se vieron envueltas en un estricto confinamiento que prohibía a las personas salir de sus hogares. En plena cuarentena de coronavirus, a quienes trabajaban en las plataformas digitales de reparto se les permitió seguir entregando a domicilio, almuerzos, cenas y casi todo tipo de productos, a una población aislada y desprovista de servicios externos. Inesperadamente, los/as trabajadores/as temporales y precarios de las grandes apps de reparto a domicilio se convirtieron en trabajadores/as "esenciales", verdaderos sostenes del aislamiento, pero sin que sus condiciones laborales mejoraran en absoluto. En las ciudades semi vacías los *riders* fueron de las pocas personas que siguieron circulando por la vía pública lo cual les otorgó una enorme visibilidad, a ellos mismos, y a sus precarias condiciones de trabajo. En aquel momento, las circunstancias laborales por las que atravesaron ocuparon portadas y titulares de prensa y la postal de las aglomeraciones de repartidores/as en espacios públicos se convirtió en un símbolo de la pandemia. Tal como comentamos en el Capítulo 2, las plataformas de reparto llevan cerca de cinco años operando en Argentina y desde entonces están en el centro del interés público y del debate académico. Los períodos prolongados de cuarentena en un contexto de marcada crisis laboral no hicieron más que reavivar ese interés.

Como hemos visto ya, la literatura sobre plataformas digitales de reparto es abundante y también la información sobre el impacto de la pandemia en la actividad. Sin embargo, no son tan numerosos los análisis sobre las trayectorias y experiencias laborales de quienes atravesaron la crisis del coronavirus trabajando como repartidores/as, ya sea porque se desempeñaban en la actividad antes de la crisis, o porque se incorporaron a una plataforma de reparto luego de perder su trabajo en algún momento del ciclo pandémico. Ese es el territorio que exploramos a continuación, tratando de comprender el impacto de los cambios económicos y socio-laborales provocados por la pandemia a nivel de las experiencias laborales de los/as trabajadores/as comprendidos por nuestra investigación (Dubet, 2007, 2010). En este Capítulo analizamos qué implicó para los/as repartidores/as trabajar en ese escenario inédito y nos preguntamos, ¿cómo cambiaron sus trayectorias laborales durante el ciclo COVID-19 y qué situaciones tuvieron que afrontar?, ¿qué relación tienen esos cambios con la forma en que los/as repartidores/as resignificaron sus experiencias laborales? En un contexto signado por la precariedad y la incertidumbre: ¿cuál ha sido la incidencia de las nuevas trayectorias y experiencias laborales en el plano de los proyectos personales de los/as trabajadores/as entrevistados?

Pandemia y trabajo: puntos de fuga en las trayectorias laborales

La pandemia del coronavirus profundizó la complejidad de la situación social, económica y financiera que ya atravesaba nuestro país con anterioridad a la propagación mundial del virus. En marzo de 2020, cuando la crisis sanitaria nos impactó de lleno, la fragilidad económica y social era muy grande. Un nuevo gobierno se encontraba en proceso de renegociar su deuda pública, en un contexto de crecimiento económico negativo y con un alto nivel de inflación. Asimismo, al comienzo de la crisis el mercado de trabajo ya estaba debilitado con una tasa de desempleo alta, en particular entre los jóvenes, y una alta informalidad de la economía, lo cual genera empleo precario para una gran parte de la población (Ernst *et al.*, 2020). En este contexto, las políticas de aislamiento destinadas a prevenir el desarrollo del COVID-19 y la suspensión de actividades industriales, comerciales y de servicios, perjudicaron mucho más a quienes se encontraban en ocupaciones inestables y precarias, ya sea como asalariados o cuentapropistas o en el sector informal de la economía. Según se analizó en el Capítulo 2, mayoritariamente las trayectorias laborales de las personas abarcadas por nuestra investigación pertenecen a ese universo de trabajadores/as a los que la pandemia golpeó con mucha crudeza.

Por un lado, para los/as trabajadores/as con un empleo formal cuyas actividades no fueron consideradas esenciales y tuvieron que dejar de trabajar en el contexto de aislamiento y distanciamiento social, los largos meses de cuarentena fueron la antesala de cambios y bifurcaciones en sus trayectorias laborales (Bidart y Brochier, 2010) que comenzaron con la pérdida de sus trabajos y culminaron en una transición hacia una nueva actividad sin ningún punto de contacto con las ocupaciones que venían desarrollando desde hace años. Por otro, para quienes ya trabajaban en la informalidad y en condiciones precarias la pérdida de trabajo representó la profundización de esa situación pero en el entorno de las plataformas digitales de trabajo.

Para los trabajadores/as formales la pérdida del trabajo adoptó distintas formas debido a la existencia de medidas tomadas por el gobierno nacional para resguardar las fuentes de trabajo en el marco del COVID-19, como el decreto de necesidad y urgencia –DNU 329/2020– y su prórroga posterior –DNU 891/2020–, que prohibieron los despidos sin causa o fundados en falta o disminución de trabajo o fuerza mayor. Según se refleja en los testimonios relevados antes de perder el empleo algunos/as trabajadores/as accedieron a las medidas de contingencia implementadas durante la emergencia sanitaria para dar alivio económico a las empresas afectadas por la caída de la actividad económica, puntualmente, al Programa de Asistencia de Emergencia al Trabajo y la Producción (ATP). Sin embargo, el hecho de trabajar "en blanco" y en relación de dependencia no siempre fue una protección suficiente contra el despido ni contra los malos acuerdos económicos que los/as trabajadores/as terminaron aceptando a cambio de una renuncia "voluntaria".

Así lo relata Cristian, que con treinta y dos años y con una trayectoria de más de diez años como cajero en el sector de comercio, renunció y aceptó un acuerdo económico para poder "tapar deudas" generadas durante la pandemia luego de beneficiarse de distintas medidas de protección del empleo. Con ayuda de unos amigos que le prestaron la moto comenzó a trabajar en PedidosYa. Para él, en pareja y con una hija que nació poco antes de la pandemia, "cualquier opción para tener un ingreso era buena". En términos del entrevistado:

> Yo estaba trabajando en el aeropuerto de Ezeiza como cajero y al momento de las restricciones más duras nos mandaron a cada uno a nuestras casas. Al principio cobré mi sueldo entero, los primeros dos meses, después un monto proporcional y después otro monto, eran ocho o nueve mil pesos *(se refiere al programa de ATP)*, o sea era insignificante. Un día me dijeron: no sabemos cuándo va a retomar funciones el aeropuerto necesitamos llegar a un arreglo o seguís esperando con lo que estás cobrando. Renuncié porque el arreglo me

servía para tapar algunas deudas que ya traía producto de la pandemia, fueron algo más de cien mil pesos. Lo de trabajar en Pedidos Ya me lo comentó una amiga que trabajaba y me dijo: vos estás con este problema te prestamos una moto y empezás.

(Cristian, 32 años, un año de antigüedad en PedidosYA, ex gastronómico, 2021–ER1–)

Asimismo, quienes antes de la pandemia trabajaban en relación de dependencia, pero con acuerdos informales "de palabra" que ilegalmente liberan a los empleadores de parte de sus obligaciones, perdieron sus empleos sin el acceso a programas de protección al trabajo que les hubiesen correspondido de haber contado con plenos derechos laborales. A falta de "otra alternativa", estos/as trabajadores/as buscaron refugio en las plataformas de reparto. Los testimonios de Fernanda y de Alejandro, ilustran ese tipo de trayectorias. Al momento de las entrevistas Fernanda tenía veintiocho años y un año de antigüedad en PedidosYa, venía trabajando "desde los dieciocho" en la atención al cliente, en sus términos, "es el trabajo que más me gusta, me encanta atender clientes". En la dietética en la que era encargada tenía "un acuerdo": "en la misma entrevista laboral me lo plantearon de esa forma, ellos no te dicen que vas a cobrar en negro, nos informaron que el cobro era el 40% bancarizado y el resto se pagaba en mano". Ese acuerdo la dejó en una situación de mucha fragilidad cuando fue madre, poco antes de la pandemia. Por su parte Fernando, también trabajaba "en blanco" en una fábrica de vidrios de Berazategui. Cuando lo despidieron "por reducción de personal" durante el ASPO tenía seis años de antigüedad, según su testimonio, "me despidieron, dijeron que no podían hacer nada, no se hicieron cargo, igual no me tomó totalmente por sorpresa" porque "el trabajo no era bueno", "jamás nos pagaron bien, y "era todo artesanal, todo insalubre". Algunos fragmentos de sus entrevistas retratan estas situaciones:

Cuando yo tuve a mi bebé a finales de 2019 ellos me pagaban la mitad del sueldo en blanco y la mitad del sueldo en negro. Yo ya les venía preguntando si cuando saliera de licencia por maternidad me iban a pagar la parte en negro, que por favor me avisaran eso. Y en todo momento me dijeron que sí. Y apenas salí de licencia me dejaron de pagar la parte en negro y la parte en blanco solamente me la pagaba ANSES. Y cuando decidí volver después de la licencia por maternidad para poder trabajar las ocho horas me dijeron que no, que querían que solamente trabajara la parte en blanco, que por la pandemia no podían reincorporarme, de hecho, yo me tuve que ir porque la parte del dinero en blanco no me alcanzaba para vivir, tuve que renunciar.

Claro, enseguida, la pandemia se puso peor y directamente cerraron y no pudieron volver a abrir más.

(Fernanda, 28 años, un año de antigüedad en PedidosYA, ex trabajadora de comercio, 2021–ER2–)

Trabajo en PedidosYa hace un año porque me quedé sin trabajo por el tema de la pandemia. Estuve trabajando seis años en una fábrica de vidrios y por reducción de personal me quedé sin trabajo, la verdad, todo el tiempo que estuve trabajando ahí jamás fue buena la paga, además era todo artesanal, todo insalubre, era como si las máquinas fuéramos nosotros… Bueno, al final, cuando más se necesitaba el trabajo, me echaron y no pude encontrar otra alternativa ¿viste? Ya hace un año que estoy repartiendo en bicicleta. Yo sigo intentando dejar CV en fábricas, siempre estoy buscando otro trabajo, pero repartiendo también porque no me queda otra opción. Yo estoy dispuesto a trabajar de lo que sea porque está jodido conseguir un trabajo, así que hay que agarrar.

(Alejandro, 27 años, un año de antigüedad en PedidosYA, ex operario de fábrica, 2021–ER3–)

Como ya mencionamos, los/as trabajadores/as que antes de la pandemia trabajaban en ocupaciones precarias e informales estuvieron todavía más expuestos a perder su trabajo. El Covid-19 agudizó déficits y desigualdades preexistentes y los mayores efectos en el mercado laboral se produjeron en el segundo trimestre de 2020, durante el período más amplio y restrictivo de las medidas de distanciamiento social, golpeando especialmente a las personas que trabajaban en empleos informales y de baja calificación. En los testimonios analizados, esa situación está representada por quienes se desempeñaban totalmente "en negro" en distintas actividades de servicios, en el sector gastronómico, en comercio, en el transporte de pasajeros, y que se quedaron sin trabajo cuando de un día para otro vieron cerrar y no volver a abrir los locales en los que trabajaban. Esteban, remisero de barrio, describe el impacto de esa situación.

Yo arranqué a trabajar en PedidosYa… empecé a hacer los trámites para entrar cuando arrancó la pandemia y entré más o menos para fines de mayo del 2020. Trabajo en zona sur en la parte de Quilmes y reparto en moto. Antes de PedidosYa trabajaba de remís. Pero bueno, cuando el tema de la pandemia arrancó, la remisería estuvo cerrada y me tuve que salir a buscar alguna otra alternativa y bueno esta fue una de las alternativas. (…) La remisería en la que yo estaba ahora está trabajando, pero por WhatsApp. La verdad, no sé cómo le irá, porque yo ya no volví a trabajar de remís.

(Esteban, 44 años, un año y dos meses de antigüedad en PedidosYA, ex remisero, 2021 –ER4–)

Antes de la pandemia, algunos de estos/as trabajadores/as informales y con bajos ingresos ya habían comenzado a trabajar ocasionalmente en PedidosYa para generar "un dinero extra", cuando perdieron su trabajo principal, pasaron a depender en un cien por ciento del *delivery*. Como única actividad y fuente de ingresos, el trabajo en las plataformas de reparto se transformó en algo mucho más incierto, pero también, al mismo tiempo, en el único recurso para transitar la prolongada cuarentena. Así se refleja en algunas de las trayectorias laborales de los/as trabajadores/as gastronómicos que tuvimos oportunidad de entrevistar:

Empecé a trabajar en la pizzería en el 2018. Yo estaba intercalando con otro trabajo que tenía de atención al cliente los fines de semana, porque en la pizzería me pagaban poco. Después dejé atención al cliente, y empecé con lo de Rappi y seguí con la pizzería más días, porque se fue agrandando el negocio, se iba armando una casa de comidas. Hasta la pandemia, que cerró y no podían abrir y bueno, ya después no abrió nunca más. Ahora estoy trabajando de Rappi, era mejor cuando solamente lo necesitaba para ganar algo más de dinero al mes, porque era menos desgastante, no dependía de salir a repartir todos los días, que es algo que estresa cuando lo pensás, pero es lo que hay.

(Alejandra, 37 años, un año de antigüedad en Rappi, ex gastronómica, 2021 –ER5–)

Yo tengo treinta y cuatro años, hace tres que más o menos estoy con las aplicaciones, arranqué en 2019 complementando con mi trabajo en la cocina. Habré trabajado unos diez años en gastronomía. No siempre en el mismo lugar porque al principio roté en varios lugares. Después estuve en una empresa de eventos como tres años y después en mi último trabajo estuve un año. Pero cocinando se gana poco y es muy exigente. Después surgió esto de las aplicaciones. Estuve probando, primero en bicicleta mientras seguía cocinando. Así estuve un tiempo hasta que, mirá por dónde, en la pandemia, terminó siendo mi único trabajo.

(Mariano, 34 años, tres años de antigüedad en PedidosYA, ex gastronómico, 2021 –ER6–)

Tal como analizamos en el Capítulo 2, comenzar a trabajar para una plataforma digital de reparto es relativamente simple. Aprovechando esa ventaja, todos los/as entrevistados/as que perdieron su trabajo en algún momento del ciclo pandémico crearon sus cuentas en Rappi o en PedidosYa. Sin embargo, los testimonios reflejan que en el contexto del COVID-19, nada fue demasiado sencillo. Quienes no eran monotributistas, ya sea porque trabajaban en la informalidad o porque antes de la pandemia se desempeñaban en relación de dependencia, tuvieron que adherirse al régimen de monotributo. Con la urgencia de empezar a trabajar, algunos/as repartidores/as buscaron saltarse ese paso, sin suerte, porque "[…] al principio hay cierta laxitud" aunque luego "se ponen exigentes", reclamándote sí o sí el monotributo (*Francisco, 26 años, un año de antigüedad en Rappi y ocho meses en PedidosYA, tenía "changas" en un pet-shop, 2021 –ER7–*).

Además, los/as repartidores/as tuvieron que conseguir sus propios vehículos y teléfonos, realizando una serie de gastos que en tiempos de crisis representaron un esfuerzo económico. Para la mayoría de los/as entrevistados/as el principal gasto fue para conseguir una moto con la que poder desplazarse "más rápido" y así poder ganar "lo suficiente" sin tener que verse obligados a extender de manera desmesurada la jornada de trabajo. Así, algunos desembolsaron dinero por adelantado antes de empezar a trabajar, otros recurrieron a la solidaridad de amigos y familiares para que les prestaran un vehículo y quienes no tenían esa posibilidad, lisa y llanamente, se endeudaron:

> Yo reparto en todos los horarios en los que puedo ganar mejor, en los turnos de la noche, los fines de semana, y le meto un montón de horas… El dinero que hago es, una parte, para pagar la moto que compré con un crédito. Una parte del esfuerzo que hago es para eso, la verdad, para terminar de pagar la moto.
>
> *(Julio César, 30 años, venezolano, seis meses de antigüedad en PedidosYA, ingeniero, ex trabajador de comercio, atendía una panadería, 2020 –ER8–)*

> En la pandemia mi hermano y mi cuñada ya estaban trabajando en PedidosYa, ellos me dijeron de bajarme la aplicación cuando me quedé sin trabajo, me dieron una super mano, al principio nos turnábamos y en los horarios en los que ellos no trabajaban me prestaban la moto. Hoy ya tengo mi propia motito, nada del otro mundo, pero me sirve para trabajar y me la pude pagar con el reparto.
>
> *(Sebastián, 33 años, diez meses de antigüedad en PedidosYA, ex vendedor de ropa, 2020 –ER9–)*

En síntesis, la experiencia de inestabilidad y de precariedad laboral que conllevó para los/as trabajadores/as el aislamiento social es el hilván entre sus trayectorias. Ahora bien, si antes de la pandemia la línea que separaba a los empleos protegidos de los empleos precarios no era –en muchas de las entrevistas– demasiado nítida, durante la pandemia, esta se termina de desdibujar en la nueva forma de trabajar que se cristaliza en las plataformas digitales de reparto. A continuación, profundizamos en algunas de las consecuencias que esto conlleva.

Experiencias laborales y lógicas de acción

Los cambios y bifurcaciones que se reflejan en los testimonios anteriores no tienen todos la misma profundidad ni generaron las mismas consecuencias, pero más allá de la intensidad de las distintas recomposiciones en términos vitales, o del carácter más o menos irreversible de los diferentes cambios laborales, las opciones que estuvieron al alcance de los/as trabajadores/as entrevistados/as y las decisiones que tomaron dependieron de un contexto que tiene una importancia crítica para comprender sus experiencias laborales durante la pandemia.

Según datos correspondientes a mayo de 2020, transcurridos cincuenta y cinco días del comienzo del ASPO, la cuarentena impactó fuertemente en la vida de los trabajadores del AMBA y en sus actividades. Según los datos de la Encuesta de la Deuda Social Argentina –EDSA– Covid-19 (Donza, 2021), el 8,2% de los ocupados perdió su empleo o no pudo realizar su actividad por cuenta propia, el 39,3% estaba suspendido o debió dejar de trabajar, el 22% estaba trabajando menos horas y sólo el 26,4% siguió trabajando como siempre o más horas. Los trabajadores del Conurbano Bonaerense presentaron una situación más adversa que los de CABA; el 9,8% perdió el empleo o se quedó sin trabajo y el 41,6% estaba suspendido o debió dejar de trabajar, en comparación con el 3,3% y el 32%, respectivo de los trabajadores de CABA (Donza, 2021, p. 3).

Considerando el contexto sumamente adverso que reflejan estos datos y conociendo la imprevisibilidad en torno al propio futuro laboral que experimentaron los/as trabajadores/as resulta estimulante conocer qué tipo de experiencia laboral construyeron en las plataformas de reparto teniendo en cuenta para ello, los factores de incertidumbre propios de la pandemia, las trayectorias laborales previas y las características propias del trabajo. Como principal factor de incertidumbre, indagamos cómo fue trabajar en la vía pública y qué lugar ocuparon –temor y necesidad– en la conformación de la experiencia laboral de los repartidores/as. También nos interesamos por conocer cómo valoran las personas entrevistadas su trabajo en las apps de reparto en función de sus ingresos y de lo que éstos representan según sus expectativas. Luego, analizamos algunos elementos propios del proceso de trabajo de las plataformas que también estructuras las experiencias laborales de los/as repartidores/as.

Como ya hemos comentado, cuando en marzo de 2020 se incluyó a la actividad de reparto a domicilio en el decreto que la exceptuaba del cumplimiento del ASPO se abrió para quienes trabajaran en las plataformas de *delivery* una oportunidad para atravesar la pandemia con menos carencias y necesidades que quienes se vieron privados de trabajar o perdieron su empleo. De todas formas, el trabajo en esas circunstancias tenía sus riesgos, el principal, contagiarse de un virus que estaba causando cientos de muertes. Dice un dicho popular que "la necesidad tiene cara de hereje" aludiendo a que cuando esta apremia no se puede reparar en pequeñeces, esa es justamente la actitud que se desprende de los relatos de los/as repartidores/as dónde se relativizan las chances de contagiarse trabajando –como algo que puede ocurrir en cualquier momento y en cualquier lugar–, se enfatiza la necesidad de "seguir viviendo" y "pagar las cuentas", y se priorizan las estrategias individuales de autocuidado para minimizar riesgos. La sensación de "libertad" de tener la "suerte de trabajar" y evitar "el encierro" de esos meses también se refleja en los testimonios. Ahora bien, casi todos/as los/as entrevistados/as tienen alguien por quien preocuparse, sus parejas, sus hijos/as, hermanos/as, o adultos mayores que integran la familia, en algunos de esos casos el sentimiento de temor está presente junto al de necesidad. Varios fragmentos de entrevistas retratan estas situaciones:

> Miedo al virus no le tuve nunca, jamás. Digamos que obviamente tomo todos los recaudos… pero no le tuve miedo a la enfermedad. Tengo barbijo, tengo alcohol en gel y bueno a la plata también la "roceas". La verdad es que necesitaba trabajar. Durante casi todo 2020 no hubo actos públicos para tomar horas docentes y eso fue terrible para mí. Yo pienso, no sé… que el virus te lo podés agarrar en cualquier lado.
>
> *(Daniel, 26 años, un año y medio de antigüedad en PedidosYA, preceptor y profesor, 2021 –ER10–)*

> La pandemia me trató bien. Por la calle desierta. Por las facilidades para trabajar. Por sentirme privilegiado además porque tenía la chance de estar en la calle mientras todos estaban encerrados. Con dificultades económicas como todo el mundo. Un poco de angustia por mi mamá y los que conozco que son grandes. Particularmente

yo nunca tuve miedo. No suelo tener gripes, entonces me sentí un poco inmune todo el tiempo.

(Roberto, 44 años, tres años de antigüedad en PedidosYA y Rappi, ex trabajador público, 2021 –ER11–)

Vivo con mi pareja, también está mi abuelo de noventa años, bueno mi tío fallecido en la pandemia, pero él tenía un cáncer terminal de pulmón, así que los cuidados en casa eran extremos... Yo llegaba, me limpiaba, me sacaba todo, prácticamente me bañaba en la puerta de mi casa y después ingresaba a mi casa, pero había que cuidarse sí o sí. Es más, nos seguimos cuidando, no hay que descuidarse porque la verdad se llevó mucha gente cercana y no cercana este virus, se llevó mucha gente.

(Germán, 36 años, dos años de antigüedad en Rappi y ocho meses en PedidosYA, trabajador de tránsito, 2021 –ER12–)

Durante el aislamiento los/as repartidores/as enfrentaron –junto con la amenaza del coronavirus– la displicencia de las empresas a la hora de asegurarles una protección mínima. Según hemos analizado ya en otro texto (Del Bono, 2022), elementos como barbijos y alcohol en gel se distribuyeron con cuentagotas y durante un breve tiempo y nunca se elaboró un protocolo de manejo y prevención del Covid-19 para la actividad. Frente a la amenaza que representaba el coronavirus la respuesta de las plataformas de reparto fue lanzar promociones de *"delivery* sin contacto" para proteger a los clientes, pero no así a los/as repartidores/as, que se vieron seriamente afectados por las restricciones impuestas para ingresar a los locales comerciales. Ciertamente, las condiciones de trabajo recibieron el impacto del cierre de los establecimientos,

...esos días estuvieron buenos para trabajar porque no había nadie en la calle pero fueron bravos porque si querías ir al baño no tenías dónde –yo si necesitaba volvía a mi casa–, chupabas frío afuera esperando el pedido y no daba para ponerse a charlar con nadie porque no sabías si podía tener Covid. *(Alejandro, ER3)*

Según veremos en el Capítulo 6, en aquellos días solamente algunos colectivos de base y organizaciones de repartidores/as asistieron a los trabajadores/as con bebidas calientes y elementos de higiene en puestos ubicados en las esquinas de la ciudad. Asimismo, en caso de contagio las plataformas no aseguraron el acceso a la atención médica ni garantizaron un ingreso con el que sobrellevar el tiempo sin trabajar por enfermedad. Entre nuestros entrevistados, quienes trabajaban para PedidosYa hicieron referencia a que en caso de resultado COVID positivo la empresa abonaba solamente el equivalente al importe de la última semana facturada.

> Yo por suerte no me enfermé, pero conozco a pibes que sí. Si te tocaba, mandabas el resultado Covid positivo y te pagaban una semana, solamente una semana… después arréglate, era el equivalente a lo que habías facturado en la última semana.
>
> *(Mariela, 43 años, dos años de antigüedad en PedidosYA, ex terapeuta ocupacional, 2021 –ER13–)*

A pesar de todo, por necesidad, los/as repartidores/as superaron el dilema entre quedarse en sus casas para cuidarse o arriesgarse saliendo a trabajar para asegurarse el sustento. Para todos/as, la falta de trabajo representó una amenaza tan o más seria que la pandemia de coronavirus. Hicieron frente a la situación de manera defensiva arreglándoselas en el día a día para asegurar un ingreso semanal en el marco de una experiencia laboral caracterizada por la resiliencia.

Otro elemento clave para comprender lo que significó para los/as repartidores/as el trabajo de plataformas durante la pandemia es conocer como valoran sus ingresos en función de las circunstancias de incertidumbre que atravesaban. Aquí, la idea más importante que recorre las entrevistas es la del trabajo como tabla de salvación en medio de la crisis, un buen ingreso de dinero, aunque a costa de "meterle" con esfuerzo muchas horas. Entre todos los testimonios, el de Mariela, es bastante elocuente en ese sentido:

> A mí me ayudó muchísimo tener este trabajo. Yo estudio para terapista ocupacional y laburo de eso. Pero con la pandemia se cortó todo directamente. Me quedé sin trabajo. ¡Así que imagínate! con dos hijas y separada, me las arreglo sola. Algunos días hasta salí con la más grande que tiene quince, en la moto. Entre las dos hacíamos más rápido. Porque era meterle y meterle… Así que, como te digo, lo de Rappi, es lo que me viene salvando. *(Mariela, ER13)*

Incluso quienes trabajaron durante los meses más duros del confinamiento tienen una lectura general positiva de las ganancias que hicieron esos meses, a pesar de la política de las empresas, que incorporaron indiscriminadamente nuevos repartidores y congelaron las bases de pago por pedido

> …porque el trabajo se incrementó, en la primera parte de la pandemia, aunque después las empresas sumaron muchísimos empleados y el trabajo bajó mucho.

*(José Antonio, 26 años, venezolano, tres a*ños de antigüedad en *Pedidos YA, 2021 –ER14–).*

Por otro lado, para quienes antes de la pandemia tenía solamente changas o no conseguían trabajo, las medidas de aislamiento significaron incluso una oportunidad para darse de alta fácilmente en Rappi o en Pedidos Ya y para poder generar una entrada relativamente fija de dinero, que encuentran satisfactoria, quizás porque antes no la tenían. Francisco y Juan, son dos de los repartidores/as más jóvenes que entrevistamos y estaban justamente en esa situación, sin trabajo, rondando los treinta años, viviendo en la casa familiar ya que dependían completamente de esa red de contención, al momento de la entrevista trabajaban para Rappi y Pedidos Ya:

> Digamos que de algún modo me sirvió (la pandemia) porque antes de eso yo solamente tenía unas changas en un pet shop que no estuvo abriendo durante la pandemia. Ojo, no es que no buscara trabajo sino que todo lo que conseguía era, no sé, una explotación total. La verdad que la pandemia para este trabajo sirvió mucho… Yo traté de sacar algo bueno de lo malo y la verdad, de las necesidades nacieron las oportunidades. *(Francisco, ER7)*

> En lo laboral tuve que salir a trabajar igual porque ya no alcanzaba con el sueldo de mi hermana. Antes de la pandemia hacía *delivery* pero para un local. Eran cuatro horitas al día. Ahora lo que hago es repartir únicamente. Salgo a las seis de la tarde y hasta las doce de la noche le meto y le meto. Después ya me vuelvo a mi casa en tren y después en la bici. El tema económico sí cambió un poco. Gano más plata de lo que ganaba antes y me puedo comprar mis cosas, por suerte. Yo ahora estoy pensando en comprarme una moto. Pero de a poco, tampoco me la van a regalar.
> *(Juan, 25 años, un año y medio de antigüedad en Pedidos YA y Rappi, ex trabajador de delivery de comercio, 2021 –ER15–)*

Asimismo, quienes antes de trabajar en las plataformas de *delivery* tenían ocupaciones informales o con bajos ingresos, y exigentes en cuanto a gastos, carga de trabajo y jornada laboral, son quienes están más satisfechos con el dinero que ganan como repartidores/as. Mayoritariamente, en los trabajos anteriores a la pandemia ganaban igual o incluso menos que con las apps, trabajaban en negro, y en actividades igualmente exigentes en términos de horas de trabajo y desgaste físico.

Yo trabajé muchos años en el remís y siempre fue lo mismo, trabajabas doce horas y lo que laburabas cuando te quedaba plata se te rompía el auto y se te iba lo poco que tenías. Ahora tengo una moto y muchos menos gastos. A mí, como estoy ahora, me sirve. Trabajando entre siete y ocho horas por día me alcanza para vivir, no te digo para vivir "wow" pero mucho mejor que con el remís, seguro. *(Esteban, ER4)*

Antes de PedidosYa estuve en gastronomía, en un restaurante. Las condiciones laborales de la cocina la verdad que son muy feas en todo sentido. Ya sea por la paga, las condiciones laborales de trabajar en negro, por el hecho de que tenés horarios que son complicados. Trabajás viernes, sábado, domingo y es muy fuerte decirlo de esta forma pero sos un poco esclavo. *(Mariano, ER6)*

En comparación con sus trabajos anteriores lo que sí representa un retroceso para los/as trabajadores/as es la ausencia de un ingreso fijo, por más bajo que este fuera, y la incertidumbre que implica vivir al día dependiendo exclusivamente de uno mismo. Por esa razón, mayoritariamente, los/as entrevistados/as aspiran a volver a encontrar un trabajo estable –aunque más no sea informal– semejante al que tenían antes del 2020 y, en todo caso, reforzar ese ingreso con el trabajo de plataformas.

Me gustaría volver a trabajar [en la pizzería] pero esto no me desagrada tampoco. Pero bueno, bajaron mis ganancias a lo que era mi sueldo. Más allá de que la ganancia no es fija, uno antes ya tenía un rango de lo que ganaba y ahora tengo que trabajar más para subsistir porque tampoco tengo el otro trabajo. *(Alejandra, ER5)*

Ya te digo, yo en la gastronomía estaba en negro pero había una cierta flexibilidad si te enfermabas y faltabas uno o dos días. Tu patrón te entendía y te lo pagaba igual. Había un entendimiento. Acá no, acá pase lo que pase si vos trabajas generas tu dinero y sino, lo siento mucho. *(Mariano, ER6)*

Como es lógico, quienes perdieron el trabajo formal durante la pandemia son quienes encuentran relativamente bajos sus ingresos porque, mayoritariamente, cobraban mejores sueldos en sus empleos en comercios y en el sector servicios. En esos casos, se padece el retroceso económico y la pérdida de calidad de vida que implica vivir al día. Los testimonios de Javier, que vendía un sistema de Postnet de Mercado Pago recorriendo locales comerciales refleja algo de lo que venimos describiendo, como así también el de Cristian, ambos se refieren a sus ingresos de antes de la pandemia:

Me gustaba el laburo y la paga era buena. Eran cincuenta y cinco mil pesos, algo mejor que lo que puedo llegar a ganar ahora. Lo bueno es que era un sueldo fijo y te daban premios, la verdad es que nunca llegué a algún premio. A mí me gustaba, aparte, que era de lunes a viernes. En fin, nada que ver con mi situación de ahora. *(Javier, 29 años, tres años de antigüedad en Rappi, ex vendedor, 2021 –ER16–)*

El sueldo era todo en blanco, más horas extras, más algún premio, en general yo estaba conforme con el sueldo. Aparte tenía una nena chiquita. Es como que en todo me encajaba justo el trabajo. Así que en ese sentido… Lo que ganaba era un poquito mejor que el despachante de mostrador, no es mucha la diferencia, pero bueno, estaba muy bien. *(Cristian, ER1)*

Ahora bien, más allá de sus distintas trayectorias laborales los repartidores/as entrevistados/as coinciden en que las plataformas de reparto permiten ganar bien a quienes estén en condiciones de sostener largas e intensas jornadas de trabajo aunque también señalan que las plataformas deberían pagar mejor. Bien mirado, hay un punto de contacto entre la mayoría de los testimonios relevados, corresponden a trabajadores/as que ya antes de la pandemia carecían de un empleo de calidad, cobraban bajos salarios, o se desempeñaban en la informalidad y que en un contexto de crisis adoptaron una racionalidad de –costo/beneficio– para valorar sus ingresos en relación con el trabajo que realizan. En algún punto, se conforma así una experiencia laboral atravesada por cierto conformismo que es reflejo de una situación general de elevada informalidad y del impacto de la crisis económica que atraviesa nuestro país.

Finalmente, también hemos indagado sobre algunos elementos que hacen al proceso de trabajo y que durante las entrevistas se revelaron como especialmente significativos y estructurantes de la experiencia laboral de los/as repartidores. En relación con la organización del día a día de trabajo, los testimonios brindan elementos para pensar en algunas situaciones propias de los cambios que provocó la pandemia. Para quienes hasta antes de la crisis del COVID-19 tenían un trabajo "sedentario" y seguro –en un local comercial, en una fábrica, en una pizzería de barrio, limpiando oficinas, como docente en un colegio, en una empresa– el trabajo en la vía pública aparece como una fuente de incertidumbre que habla de la seguridad perdida. "Andar en la calle" se vive como algo peligroso, con un "miedo que siempre está", como se refleja en estos testimonios de Alejandro y de Maite.

Yo pienso en lo inseguro que es este trabajo, contantemente. En mi caso estuve acostumbrado a trabajar en una fábrica durante 6 años que iba me quedaba ahí y no andaba en la calle. Uno siempre está pensando yo que ando en bici de noche me gustaría estar en mi casa o en un lugar trabajando en una oficina ¿entendés? Yo estoy constantemente pensando en eso. *(Alejandro, ER3)*

Hay que estar atentos. El miedo siempre está, pero no es cuestión de ir a trabajar, yendo a la facultad, al colegio o repartiendo el miedo siempre está. Lo que sí me siento más resguardada estando en el auto, pero es un poquito más difícil. Antes de bajar miro para los dos lados, no saco el seguro del auto hasta estar segura de que el del pedido está viniendo, es más complicado pero no estoy expuesta esperando ahí como los chicos en moto. Pero sí hay que tener mil ojos en todos lados y lo bueno de estar tanto en la calle es que empezás a reconocer las caras de la gente ya sabés quién es *rider* y quién no, entonces cuando ves una cara desconocida tenés un poco más de cuidado.

(Maite, 27 años, un año y tres meses de antigüedad en PedidosYA, docente, 2021 –ER17–)

Asimismo, los testimonios reflejan las ventajas de la tecnología para trabajar, pero también el estrés que puede generar el estar pendiente de la aplicación mientras se conduce un vehículo por zonas que no siempre se conocen bien tratando de llegar lo antes posible cuando no se está acostumbrado a ello. Por un lado, la aplicación es una herramienta que les garantiza trabajar con flexibilidad, pero también, una fuente de incertidumbre que se suma a otras de la vía pública. Principalmente, los/as repartidores/as se adaptan a una nueva realidad –nada sencilla–, bastante desconocida, y ciertamente peligrosa. Así se refiere, en los testimonios que siguen:

La aplicación te facilita el trabajo, te lo pone al alcance de la mano, pero también te altera bastante porque tiene un sonido, no sé si lo conocés, medio como si fuera un sonido de bocina…Y además tenés que estar atento a todo, al tránsito, al teléfono, apurándote para llegar rápido, a las direcciones, y al tema de la inseguridad, siempre pensando que cada vez que salís te podés volver sin bicicleta, sin celular o, no sé, baleado. *(Fernanda, ER2)*

El nivel de estrés es mucho más alto que si trabajás, como yo antes, en la caja de una cafetería, de eso olvídate, desde ya. Tenés que estar constantemente atento a tu teléfono, mirando la aplicación, mirando si te ingresan pedidos. Yo cuando empecé a trabajar tuve un accidente tenía que entregar un pedido me empieza a sonar fuerte la aplicación que se me estaba haciendo tarde y nada, no vi el auto, el auto tampoco me vio a mí y me embistió de costado. Al principio me generaba mucho estrés ahora de a poco me voy acostumbrando. *(Cristina, ER1)*

En este punto, identificamos un tema crítico en la constitución de la experiencia laboral de los/as repartidores/as. Se trata de la problemática de los accidentes y de los robos, presente en los testimonios anteriores y que se expresa de manera recurrente en las entrevistas. Periódicamente, las redes sociales y los medios de comunicación cubren accidentes graves, incluso fatales, de motociclistas que trabajan como repartidores. Según un relevamiento realizado por el Centro de Estudios Metropolitanos (CEM, 2020), durante los primeros seis meses de aislamiento, murieron en el AMBA, cinco jóvenes repartidores por accidentes. Sin embargo, esta situación no debe interpretarse como algo excepcional. Como hemos analizado en otros textos (Del Bono, 2022), antes de la pandemia ya se habían registrado accidentes trágicos y la accidentabilidad de los repartidores era permanente. En este sentido, las muertes de los trabajadores esenciales durante el pico de la pandemia representan la manifestación más extrema de los reiterados accidentes –golpes y lesiones– que las plataformas de reparto no controlan ni contabilizan.

Uno conversa con los compañeros y todos tuvimos accidentes, por suerte el mío fue leve, pero en estos años uno sabe de chicos que fallecieron en accidentes de moto por querer meter dos o tres pedidos más, a veces estás un poco acelerado y nada… Estar en una moto o bicicleta implica un riesgo muy grande. El problema después son los días que tenés que estar parado, sin poder trabajar. *(Mariano, ER6)*

Yo reparto en bici, viste, y es mucho más peligroso para todo. Si te quieren robar no podés acelerar y salir rajando, estás más expuesta. Yo me lastimé un par de veces, un par de sustos por no estar atenta al tránsito, me lastimé una rodilla y estuve dos semanas sin trabajar. *(Micaela, 25 años, un año y tres meses de antigüedad en PedidosYA, 2021 –ER18–)*

Cuando no quieren perder días de trabajo la actitud más frecuente es la de Cristian *(ER1)*, que chocó en su moto y se alegra de no haberse hecho más que unos golpes, "[...] al día siguiente tenés que seguir trabajando porque si no te bajan las horas, la semana siguiente no cobrás, es así". Si bien Rappi y PedidosYa contratan un seguro de accidentes o exigen a los trabajadores/as que los contraten, la dificultad en hacer efectiva la cobertura de riesgos de trabajo hace que muchos repartidores/as decidan continuar trabajando inmediatamente después de sufrir algún accidente. Junto con el problema de los accidentes de tránsito el otro tema de preocupación entre los *riders* que trabajan en el conurbano es la inseguridad a la que se ven expuestos, los robos de bicicletas y de motos y los asaltos en los que se pierde la recaudación son situaciones habituales entre quienes reparten en localidades con un alto índice de pobreza y marginalidad. Los testimonios relevados reflejan otra pandemia, la de la inseguridad vial y la inseguridad ciudadana, que coexistieron con la del coronavirus.

A partir de la pandemia tuve que cambiar de teléfono. Porque bueno, lo que pasa es que trabajar en la calle tiene riesgos y los riesgos son que, bueno, te pueden robar, te pueden hacer daño, a mí me ha pasado, me robaron dos veces el teléfono. Y eso es lo más difícil que hay que llevar en este trabajo. *(José Antonio, ER14)*

La mayoría ¿sabés qué hace? Afea la moto o andan con motos de dudosa procedencia, no sé si tienen papeles o están totalmente en regla, para la aplicación ponen su moto particular para que se las tomen, pero andan con motos sin los plásticos ¿viste?, para que cuando los afanen no le roben su moto.
(Miguel, 32 años, un año de antigüedad en PedidosYA, ex trabajador de empresa de limpieza, 2021 –ER19–)

Con mis amigos de acá de PedidosYa tenemos un grupito ¿viste? Pasamos la ubicación y las motos tienen rastreador satelital. Eso sí, lo pagamos nosotros. Hoy la mayoría de las motos tienen rastreador satelital. Sí a uno le robaron se avisan salen varios, nos ayudamos entre nosotros. Cortan el servicio y salen a buscar la moto si está en un lugar más o menos accesible porque algunos, ponele… uno de los chicos el otro día le robaron la moto y se la llevaron a Fuerte Apache ¿Quién se va a meter en Fuerte Apache? Nadie, nadie… Ni la gendarmería, no se mete la policía ¿Te vas a meter a buscar una moto? No. Entonces ahí llamás a la empresa del rastreador. Tenés dos empresas. "Stop cars" te cobra 700-600 pesos y "Layout" te cobra 1700. Ellos la buscan o tratan de recuperarla o no y te dicen. *(Esteban, ER4)*

Reiteradamente, los/as trabajadores/as han organizado protestas reclamando medidas de seguridad tanto a las empresas como a los municipios de las ciudades en las que trabajan, los accidentes graves o los robos violentos son los detonantes para estas manifestaciones que se organizan a través de grupos de Facebook y de WhatsApp. Frente a la ausencia de respuestas de las plataformas los *riders* se organizan a través de redes de comunicación informales y de canales de protección y seguridad que autogestionan desde sus teléfonos celulares y que utilizan para compartir información que los ayude a cuidarse entre ellos. Durante la pandemia estas experiencias e interacciones se fortalecieron y se constituyeron en lógicas de acción desplegadas por los/as trabajadores/as para hacer frente y aminorar las consecuencias negativas de la ausencia de seguridad. Se organizaron así, reclamos regionales y globales que han de interpretarse como experiencias organizativas horizontales que conforman una experiencia colectiva solidaria construida a partir de redes informales entre los/las repartidores/as. Vamos a volver sobre este punto en el Capítulo 6 de este libro.

Referencias bibliográficas

Bidart, Claire y Brochier, Damien. (2010). Las bifurcaciones como cambios de orientación en un proceso. En Ariel Méndez (Comp.), *Processus* (pp. 145-167) Belgique: Academia Bruylant.

Centro de Estudios Metropolitanos. (2020). Trabajadores de apps de *delivery* en Argentina: la lucha en tiempos de pandemia. *Serie Ensayos CEM N°22*, p. 1-10.

Del Bono, Andrea. (2022). Tercerización laboral y nuevos modelos de negocio: el trabajo en las plataformas digitales de reparto en contexto de pandemia. En: Magda Biavaschi; Alisson Droppa (Org.). *Terceirização e as reformas trabalhistas na América Latina*. Buenos Aires: CLACSO.

Donza, Eduardo. (2021). La incidencia de la cuarentena en el escenario laboral del Área Metropolitana de Buenos Aires. Efectos del COVID-19 en un contexto de precariedad estructural, *Trabajo y Sociedad*, XXII (36), 29-53.

Dubet, François. (2007). *La experiencia sociológica*, España: Gedisa.

Dubet, François. (2010). *Sociología de la experiencia*, España: Centro de Investigaciones Sociológicas.

Ernst, Christoph, López Mourelo, Elva, Pizzicannella, Michela, Rojo, Sofía y Romero, Carlos. (2020). Argentina. Los retos en las respuestas a la pandemia y sus impactos socioeconómicos. *Panorama Laboral en tiempos de la COVID-19. Nota técnica país*. Buenos Aires: OIT.

PARTE III

Estrategias organizativas, demandas y horizontes de disputa

La diversificación de prácticas y estrategias laborales y organizativas suscitadas en Argentina en las últimas décadas ha puesto en evidencia la dificultad de abordarlas a través de la apelación a los instrumentos y dispositivos instituidos para regular y garantizar derechos y protecciones sociales y laborales. Ello se torna especialmente relevante al considerar la situación de los/as trabajadores/as no asalariados/as en tanto que la forma que adquieren las relaciones laborales tiene consecuencias en el terreno de las regulaciones laborales, la negociación colectiva y la constitución de organizaciones de representación, entre otros ámbitos. Los casos de vendedores/as callejeros/as y trabajadores/as de plataformas de reparto que venimos abordando en este libro permiten dar cabal cuenta de ello.

Así, por ejemplo, en términos del derecho del trabajo, al estar excluidos de una relación de dependencia estos/as trabajadores/as no son comprendidos por la legislación laboral. Ello implica, entre otras cuestiones, un punto de partida problemático en tanto que se desconoce la relación de subordinación y la asimetría que rige a toda relación de trabajo, particularmente pero no de forma exclusiva, bajo el formato salarial. Asimismo, se ven limitadas las posibilidades de acceso a los derechos individuales y colectivos derivados de la relación jurídico contractual de los que depende la seguridad social y que garantiza institucionalmente prestaciones sociales ante determinados estados de necesidad.

A su vez, a la problematización de los marcos vigentes del derecho laboral le precede –o al menos le acompaña-, una disputa de sentidos centrada en el reconocimiento de la condición de trabajadores/as de quienes trabajan por fuera de la relación capital trabajo, así como de los derechos y responsabilidades que les incumben a los actores que participan de las actividades en las que se insertan. En el caso de vendedores, esta disputa se entabla fundamentalmente en oposición a los abordajes estatales más frecuentes sobre la actividad que tienden a enmarcarla bajo el enfoque de la ilegalidad. En el caso de los *riders*, la demanda se centra en el reconocimiento de la relación laboral que los/as vincula con las empresas de plataformas, en el marco de una lógica de gestión y organización del trabajo que se centra en su ocultamiento. Como así también, en la nueva conceptualización de la figura del trabajador/a ante la evidencia de la decisiva transformación que ha producido la irrupción de la digitalización. Lo que está en juego entonces en ambos casos, es una "batalla de clasificación" en torno a cómo y quién define qué es un trabajador.

En este marco, las organizaciones que buscan representar a estos sectores del trabajo se enfrentan con múltiples desafíos teóricos, políticos y prácticos que comprenden el despliegue de prácticas innovadoras en términos de: delimitar los actores involucrados en las negociaciones colectivas, encontrar bases que sustenten y aglutinen a sus integrantes, conseguir recursos para solventar las organizaciones y garantizar su funcionamiento y, ligado a ello, desarrollar estrategias y prácticas consensuadas para su gestión. Ello implica también la construcción de reglas y de espacios de participación, definir los medios de circulación de la información y la creación de mecanismos de institucionalización de los derechos y obligaciones de las partes involucradas. Es decir que, dado que no hay patrones comunes de acción, el desafío central es construir colectivamente estos mecanismos, al mismo tiempo que promover nuevas instituciones (o reformar las vigentes) que regulen las relaciones laborales entre los actores que forman parte de las diferentes formas de trabajo no asalariado, informal o atípico.

En base a estas consideraciones, la tercera parte de este libro tiene por objetivo problematizar los desafíos, obstáculos y demandas presentes en lo que respecta a los posibles caminos para la construcción de organizaciones colectivas de carácter sindical o cooperativo en los dos casos que aborda este libro, teniendo en cuenta algunas experiencias y las potenciales rupturas o continuidades que significó la pandemia en estos procesos. En pos de ello, el Capítulo 5 problematiza dichas dimensiones a partir del caso de la organización Vendedores Ambulantes Independientes de Once. Por su parte, el Capítulo 6 recupera diversas experiencias de organización que se han constituido como significativas en el caso de los/as trabajadores/as de plataformas de reparto.

CAPÍTULO 5

"Luchar por la calle". Estrategias colectivas, demandas y accionar estatal en la ciudad de Buenos Aires

Johanna Maldovan Bonelli y Agustina Trajtemberg

Las últimas dos décadas estuvieron signadas por el avance del gobierno del PRO en la ciudad de Buenos Aires que, en el marco de distintas alianzas con partidos y organizaciones de orientación liberal conservadora, gobiernan desde el 2007. En este marco se llevó a cabo la reforma del Código Contravencional de la Ciudad que, tal como hemos analizado en el primer Capítulo de este libro, ha sido uno de los hechos más significativos para el desarrollo de la venta callejera en el ámbito porteño. La reforma –impulsada centralmente por la Confederación Argentina de la Mediana Empresa (CAME)– eliminó el fundamento de la mera subsistencia en el permiso de la actividad, argumentando el papel que "las mafias" de vendedores/as tenían en el desarrollo de prácticas de competencia desleal. El cambio en la reglamentación y el crecimiento a nivel político de la alianza de fuerzas gobernante en la Ciudad –que a partir del 2015 asumió la gestión nacional y de gran parte de las jurisdicciones del país– dieron paso al avance de los desalojos de los/as vendedores/as en los barrios donde la actividad tenía mayor concentración, tales como Caballito, Flores, Liniers y posteriormente Once. Así, en un escenario político caracterizado por el debilitamiento del estado de derecho y la implementación de políticas de exclusión se produjo un crecimiento de las prácticas y discursos gubernamentales que tendían a legitimar medidas punitivistas complejizando la relación con el proceso de criminalización de la pobreza (Schtivelband, 2021).

En este marco se impulsó la relocalización de los/as vendedores/as en espacios cerrados que se destinarían a la construcción de puestos para la comercialización de sus mercaderías. La política de los "galpones" tuvo una muy baja aceptación entre los trabajadores/as y pasados pocos meses de su creación la mayoría de los puestos allí radicados se encontraban vacíos. En paralelo a ello, quienes buscaron sostener su espacio de trabajo en la calle y tras la vuelta a la vía pública de quienes habían sido relocalizados, se incrementaron nuevamente los conflictos vinculados al derecho al uso del espacio público y, junto a ello, las prácticas represivas por parte de las fuerzas de seguridad local. Así, a lo largo de 2018 y 2019 se sucedieron desalojos que implicaron elevados niveles de violencia.

El incremento de los embates represivos tuvo como respuesta una creciente organización de los vendedores/as. En este contexto emergieron nuevos colectivos y otras organizaciones y movimientos acompañaron su lucha, tomando sus reclamos como parte de sus demandas. Entre ellas se destaca el caso de Vendedores Ambulantes Independientes de Once (VAIO), nucleada en el Movimiento de Trabajadores Excluidos (MTE) y la Unión de Trabajadores de la Economía Popular (UTEP), organización que abordaremos en este Capítulo.

La irrupción de la pandemia, tal como hemos analizado en el Capítulo 3 de este libro, implicó que los/as vendedores/as no pudieran trabajar durante aproximadamente cuatro meses. La prohibición a la circulación y, por ende, de la venta callejera, llevó a un cese temporario de los conflictos, al menos en términos de los desalojos masivos sufridos en los meses previos en las principales zonas de venta. Sin embargo, el paulatino regreso de estos/as trabajadores/as a las calles conllevó también un nuevo recrudecimiento de la represión y la vuelta a los niveles de conflictividad previos a la pandemia. A partir de allí, se iniciaron formas novedosas de negociación colectiva en el sector que tuvieron como resultado la construcción de acuerdos parciales con el gobierno local en lo que respecta al uso del espacio público. Estas, dadas las particularidades del oficio y las formas que adquieren las relaciones laborales en la actividad, implicaron enfrentar una serie de desafíos vinculados a la identificación de las partes de negociación, la construcción de mecanismos para garantizar el reconocimiento de sus organizaciones, los mecanismos de construcción de acuerdos sobre los derechos y responsabilidades organizacionales, la producción de vías para la resolución de disputas así como de estrategias para sostener los acuerdos entablados en el tiempo, entre otros (Horn, 2005).

En este marco, en este capítulo analizaremos el lugar que han tenido las organizaciones de representación de los/as vendedores en la defensa por sus derechos laborales, teniendo en cuenta sus orígenes, demandas, formas organizativas y de negociación colectiva y el rol que estas tuvieron durante la pandemia. Para ello, nos referiremos particularmente al caso de los/as vendedores/as que trabajan en el barrio de ONCE y se encuentran nucleados en VAIO, en el período 2017-2021.

De aquí en más, este capítulo se organiza en dos apartados: en primer lugar, nos centraremos en el análisis de las políticas y acciones desarrolladas por el gobierno local en pos de "erradicar" la venta callejera, de los supuestos sobre los cuales se asientan y de las respuestas y estrategias desplegadas por los/as trabajadores para defender su fuente de trabajo. En segundo lugar, presentaremos el caso de VAIO, abordando sus orígenes, demandas y articulaciones con otras organizaciones populares y el lugar que tuvo la organización durante la pandemia en términos de la construcción de redes de solidaridad y ayuda mutua, la construcción de prácticas asociativas y mecanismos de negociación colectiva y las estrategias de lucha implementadas. Finalmente, presentaremos las principales demandas y horizontes de lucha del sector.

Desalojos, represión y encierro: el accionar estatal ante la venta callejera

A pocos días de comenzado el 2017 el Gobierno de la Ciudad tomó la decisión de avanzar con el desalojo de los/as vendedores/as de Once, en línea con lo acontecido tiempo atrás con quienes trabajaban en otras zonas de la ciudad, tales como la avenida Avellaneda del barrio de Flores, la avenida Rivadavia en el barrio de Caballito y años antes la calle Florida. A tal fin, el 10 de enero se estableció un operativo en horas de la madrugada en la avenida Pueyrredón, entre las avenidas Rivadavia y Corrientes, del cual participaron cerca de mil efectivos, que incluían inspectores y policía de la ciudad y personal de infantería. La zona fue rodeada a su vez con camiones hidrantes. Desde las dos de la mañana no solo se cercó la zona, sino que también se realizaron diversos allanamientos en domicilios privados de los/as vendedores/as y galpones de las cercanías, en búsqueda de mercadería "ilegal" destinada a la venta en las calles. A primeras horas de la mañana los/as vendedores/as comenzaron a acercarse a la zona, algunos/as sin tener información de lo sucedido y otros/as luego de enterarse a través de compañeros/as o de los medios de comunicación.

Una de las primeras cuestiones que nos interesa señalar y que subyace a la disputa por los distintos usos del espacio público –y particularmente en lo que refiere al ejercicio de la venta callejera– son los supuestos enfrentados de los cuales se parte para el abordaje de la problemática y en relación con ello, el rol que asume el Estado para sus intervenciones u omisiones. Así, en los discursos de la mayor parte de los/as vendedores/as y sus referentes, lo que está en juego centralmente es el derecho al trabajo y la consignación de un "estatus legal del vendedor". Derecho que se vincula directamente con garantizar la posibilidad de subsistencia de un sector ya por demás vulnerado en el conjunto de sus condiciones de vida.

En contraposición a este posicionamiento–centrado en la defensa del derecho a trabajar-, el argumento del gobierno local para estas intervenciones se sustentó (tal como sucede también hoy en día) en una delimitación de los actores que participan de la venta callejera entre las "mafias", entendidas como grupos organizados que se apropian del espacio público y contratan trabajadores para la reventa de productos de origen ilegal y quienes que se dedican a la venta callejera porque "realmente lo necesitan". Así lo explicitaba el actual Jefe de Gobierno de la Ciudad:

> Solucionarlo de dos maneras: atacando las mafias, que que las hay las hay, vimos casos de mucha violencia en las últimas horas, pero también aceptando que hay mucha gente que lo hace como modo de supervivencia… nosotros tenemos dos lugares identificados y estamos incorporando un tercero en estas últimas horas para darles un lugar alternativo, cerrado, no en la vía pública, para que puedan ejercer su trabajo. Para eso tienen que anotarse como monotributistas, con lo cual eso salta si tienen algún antecedente penal, se tienen que anotar ellos directamente, sin intermediarios, porque en realidad el negocio ahí lo hace el intermediario que les vende la mercadería, los extorsiona, se anotan ellos personalmente, sacamos la intermediación y aquel que quiere ir efectivamente a trabajar va a tener un lugar. En Avellaneda se solucionó de esta manera, lo mismo que en Avenida Rivadavia hasta plaza Flores. Siempre con la misma modalidad, atacamos las mafias, hacemos allanamientos en los lugares de acopio, incautamos el material, pero, por otro lado, a la gente que realmente lo necesita que son los que van y se anotan sin intermediarios buscamos otra solución. Los más visibles, agitadores y violentos, esos no van a tener un lugar alternativo definitivamente.
>
> *(Horacio Rodríguez Larreta, Jefe de Gobierno de la Ciudad Autónoma de Buenos Aires,* La Nación, *12 de enero de 2017).*

Tal como hemos analizado en el Capítulo 1 de este libro, la delimitación de estos/as trabajadores/as entre "mafias" y "quienes lo hacen como modo de supervivencia" fue uno de los argumentos centrales que atravesó los debates por la reforma del Código Contravencional de la Ciudad en el año 2011, que culminó justamente con la eliminación de la referencia a la "mera subsistencia" en la regulación de la venta ambulante y el uso del espacio público a tal fin. Fue este cambio normativo el que también habilitó el avance de la política represiva hacia los/as vendedores/as como hacia otros trabajadores/as del espacio público o bien habitantes de la ciudad considerados "indeseables" por la gestión gubernamental. Sin embargo, la delimitación entre quienes conformarían uno y otro grupo es poco clara y no se encuentra efectiva y formalmente establecida ni regulada. En términos generales, los operativos no comprendieron detenciones que involucraran a quienes serían organizadores/as de dichas "mafias" ni a encargados de esas supuestas cadenas ilícitas de comercialización. Por el contrario, tanto en este como en otros desalojos y requisas, quienes perdieron su mercadería y su fuente de trabajo fueron los/as vendedores/as. En sí, la alusión a las mafias deviene más bien un argumento para justificar las políticas represivas (Fernández Álvarez, 2019) antes que un intento efectivo por desarticular supuestas cadenas de explotación laboral y comercio ilegal de bienes.

La propuesta de "otra solución": el emprendedurismo como nueva moral del trabajo

A la par del desalojo, el Gobierno de la Ciudad propuso la reubicación de los/as vendedores/as en espacios cerrados –"los galpones"– en pos de garantizar la no ocupación de la vía pública y reducir los niveles de conflicto. Para ello, el primer paso fue la realización de un censo entre quienes trabajaban en las zonas aledañas a la estación de Plaza Miserere. El acceso a los galpones era gratuito y se realizaba por sorteo. Para inscribirse era necesario presentar DNI argentino, certificado de ausencia de antecedentes penales, constancia de inscripción en el monotributo (para lo cual se contó con asistencia del Ministerio de Desarrollo Social de la Nación) y facturas que acreditaran la procedencia legal de las mercaderías. Asimismo, a quienes se incorporasen a los galpones se les ofreció una retribución económica de AR$11.700 mensuales, destinada a paliar la reducción de ingresos que estos sufrirían durante el proceso de relocalización. Finalmente, los/as vendedores/as seleccionados debían realizar un curso, dictado por la CAME en articulación con la Dirección General de Emprendedores del GCABA. Los temas abordados se centraron en las "nociones básicas del emprendedurismo", tales como liderazgo, propuesta de valor y plan de negocios, tabla de costos, evaluación del mercado y adaptación a las necesidades del consumidor, derecho laboral, normas de convivencia en el ámbito de trabajo y herramientas tecnológicas para la búsqueda de empleo. El curso tuvo una duración de dos meses, período en el cual se realizaría la refacción de los galpones y consistía en cuestiones que iban desde

> ...la postura hasta cómo tienen que tratar al cliente, las objeciones que pueden llegar a hacerles, cómo presentar el productor, cómo tratar a un cliente mayorista, minorista... la idea es que tengan cosas nuevas para que cambien sus vidas y así cambiar las condiciones en las que están e incluso para que la gente los vea de una forma totalmente diferente. *(Maximiliano Salamone, capacitador de CAME[19]).*

La orientación de los cursos brindados da cuenta de otro de los supuestos que se encuentran en tensión en el abordaje de la problemática por parte de la política local. Así, a la distinción entre mafias/ilegales *versus* trabajadores/as, se añade otra cuestión vinculada a las formas de entender el trabajo y las posibles soluciones a la exclusión y la precariedad laboral. Entonces, mientras una parte sustantiva de los/as vendedores/as reclama el reconocimiento y la formalización de su actividad –argumentando la legitimidad de su oficio y el lugar que tienen las distintas formas del comercio popular en su reproducción cotidiana y en el acceso a bienes y servicios de una parte importante de la población– desde la política local el objetivo central radica en propiciar el ordenamiento territorial a través de cercenar el trabajo en la vía pública. A su vez, de manera complementaria a este abordaje se propone "reconvertir" a esta población en "emprendedores". La capacitación emerge en este abordaje como el eje central que permitiría "que cambien sus vidas", "las condiciones en las que están" y cómo la sociedad los ve. Al respecto, diversos estudios han señalado cómo la "filosofía emprendedora" se orienta, bajo el sistema capitalista actual, a promover un conjunto de ideas y valores que promueven la responsabilidad individual –y por ende la generación de respuestas y alternativas autónomas- a las consecuencias de las crisis económicas y laborales (Ferrer, 2020). Así, frente a la incertidumbre que generan las inserciones precarias en el mercado laboral, la promoción de sujetos emprendedores (en estrecha relación con los enfoques del "capital humano") se basa en el supuesto de la responsabilidad personal –explicada generalmente por las trayectorias educativas– en la generación de habilidades y posibilidades para acceder a un trabajo digno (Bentura, Lacaño y Mariatti, 2019).

---

19 En Infobae, 12/02/2017: <https://www.infobae.com/sociedad/2017/02/12/manteros-de-once-a-un-mes-del-desalojo-como-son-los-cursos-para-transformarse-en-emprendedores/>.

A la par de ello, estas intervenciones desconocen o bien niegan las múltiples realidades que atraviesan estos/as trabajadores/as. Por ejemplo, ciertos requisitos, como presentar DNI al día –en una población con una fuerte composición migrante– o bien la ausencia de antecedentes penales y la inscripción al día en el monotributo, terminan operando más como barreras que como facilitadores para el acceso a estas políticas. Más aún cuando las instancias de apoyo para los trámites fueron escasas y no siempre contemplaron los gastos necesarios para llevarlas a cabo. El proceso de asignación de espacios en los galpones fue también limitado –en tanto que la cantidad de puestos ofrecidos fueron sustantivamente menores a la cantidad de vendedores/as que había en las calles– y estuvo también atravesado por otros conflictos entre distintos grupos de trabajadores/as. En este marco, muchos/as denunciaron que no fueron convocados/as ni registrados/as para la distribución de puestos y que una parte importante de quienes se censaron y luego fueron a trabajar allí no eran trabajadores/as de Once, sino que simplemente "todo el mundo se inscribía, hasta la gente que vendía en las estaciones, por los veinticinco mil pesos". Al respecto, en uno de los grupos focales que llevamos a cabo en el 2019, una vendedora mencionaba que:

Acá en Perón vi que cometieron un error tan grande, porque pusieron los puestos y anotaron a mucha gente que no eran vendedores de la calle y hasta ahora no lo son. Vos vas a ese predio y de doscientos vendedores que hay, habrá quizás cuarenta que vendieron en la calle alguna vez. Entonces, esa gente no va a sacar la galería adelante porque no tiene el oficio de vendedor. Por decir, para mí son conformistas porque ya tienen su puesto, listo. En cambio, los que son vendedores ambulantes saben lo que es el sufrimiento, salen a luchar a la calle, si tienen un rato de descanso en el galpón salen a vender a la calle porque lo necesitan. Los que no han sido vendedores, en cambio, se quedan ahí. Mucha gente cobra por salir de la calle, los que tienen el predio cobraron por la capacitación.
(*Sandra, 41 años, boliviana, diez años de antigüedad en la venta, 2019 –EV11–*)

En términos generales fueron pocos/as los/as vendedores/as que significaron a esta experiencia como positiva. Los aspectos más valorados refirieron a la posibilidad de tener un puesto en un espacio cerrado sin tener que pagar un alquiler y los beneficios que ello traía aparejado en términos de seguridad frente a la violencia policial y las requisas de los funcionarios de Espacio Público, así como a las mejores condiciones de trabajo dadas por tener acceso a un baño, un lugar para comer y un techo para protegerse de las inclemencias climáticas. Los galpones fueron principalmente valorados por las mujeres, más específicamente por aquellas de mayor edad o bien aquellas con niños pequeños a cargo, en tanto estos permitían un mayor resguardo frente a las adversidades de la calle. Sin embargo, tanto quienes estaban dentro de los galpones como quienes no aceptaron trasladarse, destacaban que esta política implicó una "importante caída de las ventas, la reducción de los ingresos y la rigidez del control de asistencia, especialmente cuando los horarios se superponen con el cuidado de menores" (Sala, 2020, p. 20). Así lo relataban algunos/as trabajadores/as:

> No pasaba nadie a los galpones, hasta hoy en día. Yo te invito a que vayas a Perón, a que vayas a La Rioja. No pasa nadie. Yo estoy en una esquinita como el patito feo. A todos les han pasado adelante. Al menos en mi esquina te pueden ver si queda una bombacha. Pero si estas así de lateral. No hay nadie, estas solita. No hay ventas.
>
> (*Sonia, 50 años, peruana, veinte años de antigüedad en la venta, 2021 –EV3–*)

> La entrada era a las nueve, hasta las cinco de la tarde. Teníamos horario y firmábamos tres veces. Si firmabas una vez y tenías dos faltas, te sancionaban. No te dejaban abrir el local. Si faltabas tres veces o cuatro veces, tenías que llevar un certificado, una excusa. Todo eso me aburrió. Yo vendo en la calle y no tengo jefe, hago lo que yo quiero. Ahí tenías que estar a la hora que pasa para firmar y todo eso.
>
> (*Susana, 45 años, peruana, diecinueve años de antigüedad en la venta, 2021 –EV10–*)

En tal sentido, no solo los requisitos para acceder a los galpones resultaban limitantes para una parte importante de los/as vendedores/as, sino que también las condiciones laborales ofrecidas, asentadas en una férrea política de control de asistencia y una rígida delimitación horaria, se oponen también a sus formas de trabajo y de organización reproductiva. Tal como hemos señalado en otras oportunidades a lo largo de este libro, uno de los aspectos más valorados de quienes se dedican a la venta callejera es el hecho de "no tener jefe". Ante las distintas situaciones de precariedad que atraviesan a la actividad, la "libertad" que ofrece el trabajo en la calle resulta un aspecto fuertemente valorado; más aún cuando las distintas experiencias transcurridas en empleos asalariados han resultado fuertemente negativas dados los altos niveles de explotación y violencia laboral sufridas. A ello se añade que el ingreso a los galpones no resultó –al menos en ninguno de los casos relevados– en una mejora significativa de los ingresos y las condiciones generales de trabajo. De ahí que, resignar un aspecto sumamente valorado como es la "libertad" que ofrece trabajar en la calle, representó un costo demasiado alto ante los supuestos beneficios ofrecidos en estos espacios.

Ante ello, una parte importante de quienes se trasladaron a los galpones continuaron vendiendo en la calle de manera alternada. Por otro, miles de vendedores/as quedaron por fuera de esta política y fueron quienes, al poco tiempo de los desalojos, volvieron a ocupar las veredas lindantes a la plaza Miserere.

La organización ante la represión: lucha por el derecho al trabajo, estrategias colectivas y construcción de comunidad

El desalojo del 2017 fue el hecho central que dio paso al surgimiento de Vendedores Ambulantes Independientes de Once (VAIO), una organización que se constituyó en un espacio de lucha para disputar el derecho a trabajar y "recuperar la calle". Si bien la organización colectiva de vendedores/as ambulantes no es una novedad, el caso de VAIO ha cobrado algunas características que resultan significativas para reflexionar sobre los procesos de organización colectiva entre trabajadores/as no asalariados/as y particularmente para aquellos que trabajan en la vía pública y se caracterizan, entre otras cuestiones, por un alto grado de autonomía en la realización de sus tareas. Asimismo, porque el caso abordado permite dar cuenta de las estrategias de negociación colectiva que han entablado distintos colectivos de trabajadores/as no asalariados/as que en los últimos años han orientado sus demandas hacia la equiparación de derechos laborales con aquellos percibidos por la clase trabajadora asalariada. Gran parte de estas demandas se han aunado bajo una disputa por el reconocimiento de distintos oficios y ocupaciones desplegadas por los sectores populares como parte de la economía popular y sus organizaciones, como un sindicato de "nuevo tipo" orientado a mejorar las condiciones laborales y de vida de quienes "se inventan su propio trabajo" (Maldovan Bonelli y Melgarejo, 2019; Pérsico y Grabois, 2014)

La construcción de una identidad común

Tal como señalamos en el apartado anterior, el trabajo en los galpones distaba mucho de ser una solución consensuada al conflicto entablado en torno a la venta callejera en la ciudad, ya que dejaba por fuera a una amplia cantidad de vendedores/as y tampoco se presentaba como una opción deseable para quienes allí se radicaron, en tanto que en términos generales supuso una reducción de sus ingresos y el sometimiento a una férrea política de control de su trabajo.

Ante este contexto algunos/as vendedores/as comenzaron a agruparse para plantear respuestas alternativas a su situación y delinear un "plan de lucha" para garantizar el derecho a la calle y, por ende, a trabajar. En estos primeros encuentros comenzó a delinearse un "marco de significación" común (Snow y Benford, 1988), que daría paso a la fundación de VAIO como organización de representación de los/as vendedores/as callejeros/as de Once. La percepción común de una injusticia, la definición compartida del problema sufrido, la atribución de responsabilidad de su situación a ciertos actores y la apelación a la necesidad de ampliar las bases de movilización para cambiar la condición prevaleciente (Chihu Amparán, 2016) son algunos aspectos que fueron dotando de sentido a las acciones colectivas entabladas:

> La angustia de él [refiere a su marido y co-fundador de VAIO] no estaba en organizar a nadie, la angustia de él estaba puesta en llevarle de comer a los hijos. Y entonces llevó a vender gaseosas, de mano y de mano salía y vendía. Se iba caminando y los animó a otros compañeros. Hicieron una carpa, la primera carpa que se plantó en Once. Y me dijo "No, Luz Mary, no vayas a perder el tiempo en los galpones, ya no. Eso es una cárcel, tú no eres una carcelera". Estuve un mes, un mes, y no vendí una sola prenda. No, dije, no voy a perder mi tiempo acá. Mis hijos, yo pensaba en mis hijos porque aparte teníamos familia numerosa. Y ahí plantamos la primera carpa. Renuncié a los predios de La Rioja, no me interesaban los predios, compañeros vamos a luchar. Siete compañeros que nunca se fueron de la calle.
>
> (*Luz Mary, vendedora y presidenta de VAIO, peruana, veinte años de antigüedad en la venta, 2021 –EV12–*).

La "lucha" por la calle fue el objetivo central que aunó las primeras acciones de VAIO y se llevó a cabo, en un primer momento, a través de la instalación de una carpa en uno de los laterales de la Plaza Misere re para reclamar el cese de la represión y demostrar el fracaso de la propuesta ofrecida por la política pública del GCBA. De la "carpa de protesta" participaron vendedores/as que habían sido excluidos de los galpones y otros/as que si bien habían aceptado incorporase allí estaban sumamente disconformes por las bajas ventas en estos espacios. Ante "la calle vacía" la carpa funcionó también como un espacio de encuentros y acercamiento entre los/as vendedores/as –un espacio para "descansar o almorzar o estar charlando un rato"– y el inicio de la construcción de una identidad común: allí surgió el nombre que hoy lleva la organización "Vendedores Ambulantes Independientes de Once", sus siglas VAIO y fue donde pintaron su primera bandera. La lucha por la calle se expresó en dos demandas entrelazadas: la regularización de la actividad y el cese de la criminalización. En pos de ello, las principales acciones de protesta desplegadas fueron la movilización callejera y el corte de calles.

Durante estos primeros meses de lucha se iniciaron los primeros acercamientos con militantes del Movimiento de Trabajadores Excluidos (MTE) nucleado en la Confederación de Trabajadores de la Economía Popular (CTEP). La incorporación a una organización de mayor alcance implicó, por un lado, una paulatina configuración de una identidad común centrada en la delimitación como trabajadores/as de la economía popular en tanto colectivo ampliado de representación:

Y con eso vos decías, "bueno, nosotros estamos dentro de una orga-nización gremial, sindical", ¿qué significa eso para vos?
Muchísimo. Todo. Como que sentimos que ahí vamos a poder encon-trar ese derecho que nos merecemos. Porque yo creo que es la manera que nos van a sostener también. Porque para nosotros es algo impor-tantísimo sentir que somos parte del gremio. Somos parte de la eco-nomía popular. Ya no estamos fuera de la economía popular (…) Y estar nucleados ahí, y que nos hayan aceptado independientemente con nuestra bandera –porque vos la ves la bandera de VAIO y es todas las manifestaciones (…) nosotros teníamos que levantar la bandera de los vendedores, porque somos vendedores. No tenemos patrones, no somos empleados de nadie. Somos independientes, entonces nosotros desde la MTE es como que nos dieron ese valor. Respetaron esa identidad como vendedor. Como decimos nosotros siempre, nosotros somos los protagonistas: el que sale vender a la calle, el real vendedor, el que lleva y trae su carro, el que es perseguido por la policía, el que le sacan la mercadería, nosotros podemos hablar de la lucha. Y este camino te va enseñando cómo organizarte, cómo militar. Nosotros hace cinco años no sabíamos nada de militancia, tener otra postura para que el compañero también vea. *(Luz Mary, EV12)*

La articulación con el MTE emerge en gran parte de nuestras entre-vistas –principalmente en aquellas realizadas a quienes tienen mayor antigüedad en la organización y participan en VAIO de manera más activa– como un aspecto positivo. La pertenencia a una organización más amplia aparece como una fuente de protección, al mismo tiempo brinda "un respaldo fuerte" para la "lucha". Así, frente a las lógicas punitivistas que signan a la mayoría de las intervenciones públicas, la pertenencia al gremio es un dejar de "estar solos", de ser "solo vendedores" y de estar "cada uno por su cuenta". Este acompañamiento se expresa, entre otras cuestiones, en un aprendizaje sobre cómo militar y "cómo organizarse". Al respecto, nuestros/as entrevistados/as han señalado en diversas ocasiones cómo "antes" la principal estrategia de lucha era la confrontación directa con la policía y agentes de Espacio Público. El resultado de esta acción era la detención de compañeros/as por resistencia a la autoridad y la violencia institucional desplegada contra los/as vendedores/as que defendían su mercadería y su puesto de trabajo. Estos aprendizajes no implicaron que las prácticas de acción directa hayan desaparecido como así tampoco lo han hecho los embates represivos de las fuerzas de seguridad. Sin embargo, a la par de ello se han abierto otros canales de negociación con los representantes gubernamentales que habilitaron un reordenamiento de los espacios de trabajo a partir de la construcción de acuerdos entre los funcionarios y los/as vendedores/as organizados/as.

La construcción de una identidad más amplia ligada a la economía popular se expresa también en la articulación de las demandas específicas de los/as vendedores/as con otras vinculadas a una delimitación sectorial realizada por la UTEP, que enmarca a estos oficios como parte de la rama de trabajadores/as de espacios públicos, entre los cuales se encuentran también los cuidacoches:

> El otro día en Quilmes a los cuidacoches los golpearon y llevaron presos. El MTE nos pidió apoyo y fuimos corriendo. Y solucionaron que ya no le van a tocar nada. Y los cuidacoches nos agradecieron porque hicimos quilombo en la comisaría. Porque rodeamos con todas las banderas y los largaron. Y se quedaron "wow, están bien organizados", porque ellos estaban con su palito y su balde y nosotros con nuestras banderas. Eso nos pasó con el MTE, que nosotros íbamos con nuestros trapitos y ellos con las banderas. Eso te abre la mente, ¿viste? Para mí que ellos van a hacer su bandera y sus bombos ahí en Quilmes. Damos la idea ¿viste?
> (*Carlos, 38 años, peruano, once años de antigüedad en la venta, 2021 –EV6–*)

La socialización de los conocimientos y las herramientas aprendidas en el marco de la organización en el gremio, "dar la idea", también es una dimensión relevante que incide tanto en la construcción de una identidad colectiva de VAIO, como en el aporte que pueden hacer a los/as trabajadores/as de otras actividades. Así, frente a la ausencia de políticas protectorias para los/as vendedores/as y la intervención punitivista del Estado local, el lugar que asumen las organizaciones de representación adquiere un lugar central, brindándoles una "espalda" desde donde visibilizar sus demandas y una serie de recursos que les ha permitido crecer y consolidarse como organización.

En términos generales, el período que se abrió tras el desalojo de principios del 2017 hasta iniciada la pandemia estuvo signado por un férreo control policial en las principales avenidas que atraviesan el barrio de Once y junto a ello, por una continuidad en las respuestas punitivas por parte de las fuerzas de seguridad, quienes han reprimido las manifestaciones llevadas a cabo por los/as vendedores/as en varias oportunidades. El período previo a la pandemia finalizó con el fallecimiento de Beatriz Mechato Flores, de setenta y cinco años, quien fue atropellada al ser perseguida por un operativo de inspectores y policías llevado a cabo el 13 de marzo de 2020. Ante ello, los/as trabajadores/as realizaron una movilización que culminó con la detención de veintisiete personas, entre ellas Juan Grabois, referente del Movimiento de Trabajadores Excluidos, por el delito de resistencia a la autoridad. Apenas tres días después del hecho, el gobierno nacional decretó el Aislamiento Social Preventivo y Obligatorio en todo el país. Los meses siguientes, tal como hemos abordado en el Capítulo 3 de este libro, estuvieron signados por las restricciones a la circulación y, por ende, la amplia mayoría de los vendedores/as no pudo trabajar.

Estrategias de lucha y negociación

La emergencia de la pandemia del Covid-19 fue un punto de inflexión en el conflicto establecido entre los/as vendedores/as y el Gobierno de la Ciudad, dado por la imposibilidad de trabajar en las calles en el marco de las restricciones a la circulación. Pasados aproximadamente cuatro meses del ASPO algunos/as vendedores/as retomaron su actividad y tras ello, se reavivó el conflicto con los agentes de espacio público y las fuerzas de seguridad. Ante los desacuerdos persistentes el último conflicto de envergadura llevado a cabo en las inmediaciones del barrio de Once se resolvió a través de una negociación entre representantes del Ministerio de Espacio Público e Higiene Urbana de la ciudad y referentes/as de los vendedores/as nucleados en VAIO. El acuerdo –entablado a finales del 2020– estableció la "habilitación" de zonas para la venta, bajo el compromiso de que no se ocupen las principales avenidas y sean los/as trabajadores/as quienes se encarguen de consensuar la distribución de lugares y dirimir los posibles conflictos por la repartición de espacios en las calles habilitadas. Los/as referentes de VAIO se posicionaron en el lugar de interlocutores entre las autoridades y los/as vendedores/as, tanto agrupados/as como no agrupados/as y vendedores/as organizados/as en otros espacios:

> Cortamos la calle con una buena cantidad de gente y dijimos: "Nosotros queremos ir a trabajar, queremos laburar, ¿cómo vamos a hacer?". Mira, hemos pasado una pandemia, no hemos recibido ayuda de nadie, entre mismos vendedores y compañeros hemos tratado de solucionar algunos problemas que se podía, y con respeto lo vamos a hacer todos los días.
>
> *(Rivas, vendedor ambulante, peruano, cofundador de VAIO, 2021 –EV13–)*

De este modo, consiguieron un acuerdo para vender en las calles internas de Once, dejando despejadas las avenidas principales (Av. Corrientes, Av. Pueyrredón y Av. Rivadavia). Este proceso no estuvo exento de conflictos: el espacio habilitado no era suficiente para todos/as y tampoco todos/as veían de manera positiva o habían sido informados/as de los acuerdos entablados. Ello conllevó discusiones entre distintos grupos de vendedores/as, principalmente con aquellos/as de origen senegalés a la par de la continuidad de las negociaciones con el gobierno. El relato de uno de los referentes de la organización permite comprender con mayor claridad cómo se han entablado estas negociaciones:

> Hemos conversado, un diálogo, un acuerdo de palabra, y digo, sabes qué, vamos a hacer una cosa. Una cuadra más, vamos a tratar de vender le digo (…) Yo siempre le decía, "mira, por favor, nosotros hemos respetado. Tú estás viendo que nosotros no pasamos del límite de lo que a nosotros nos dijeron. Hemos hecho lo que nos han dicho. No vieron ningún atrevido, ningún malcriado, venimos trabajando bien –entonces le digo yo– déjanos, aunque sea una cuadra más, no vamos a tocar Pueyrredón" (…) Y ahí nos quedamos. Pasamos una cuadra. Nos quedamos un mes ahí, todo noviembre y la primera semana de diciembre. "Se vienen las fiestas", le digo. "Una cuadrita más. Si vos no me das este espacio, que estamos trabajando bien, se te va a hacer un quilombo. Y va a ser peor para ti, y peor para nosotros. Porque se te va a hacer una piladera y vos no querés eso. Y yo tampoco quiero eso". "Bueno, déjame ver que hago". Y así, cuando el lunes el 10 de diciembre, y todos vinieron. Siempre las paralelas, nunca la avenida principal. "Vos no me toques Pueyrredón. Que me tocas Pueyrredón

que te regreso", "Te doy mi palabra de que no va a suceder eso". Ellos también vieron –entre todo accedieron a eso porque vieron que nosotros teníamos un orden. Ya con los senegaleses, con nosotros, había un pacto de amistad. Los compañeros decían: "bueno, si nos estamos llevando bien, vamos a seguir como estamos trabajando, sin pelear, nada". *(Rivas, EV13)*

Estos acuerdos no se plasmaron en ningún documento, quedando a merced de la buena voluntad de los/as funcionarios para su sostenimiento. Llevarlos a cabo ha requerido que los/as vendedores/as se auto-organicen y, para ello, creen espacios de encuentro y discusión, de circulación de la información, debate y toma de decisiones conjuntas. En este camino, fue necesario también la legitimación de los/as referentes y la construcción y fortalecimiento de lazos de confianza y cooperación, necesarios para fortalecer el colectivo y legitimar las decisiones tomadas y los acuerdos alcanzados. Más aún cuando los acuerdos con el gobierno implicaron modificar los espacios de trabajo y las prácticas durante la venta. Ante la falta de institucionalidad en la regulación de la venta ambulante –al menos desde una perspectiva que habilite plenamente y ordene el desarrollo de la actividad– la posibilidad de trabajar depende en esta instancia del respeto de los acuerdos informales entablados con las autoridades. Cualquier transgresión podría representar un motivo para retomar los intentos de desalojo y una nueva escalada del conflicto.

Construir comunidad: solidaridad, ayuda mutua, compromiso y participación

Hoy en día, quienes integran VAIO convocan a movilizaciones, exigen mesas de diálogo, negocian acuerdos, acuden a los medios de comunicación y se reúnen con funcionarios/as del gobierno para plantear sus demandas. La experiencia de juntarse con trabajadores/as de otras ramas de la economía popular, con referentes políticos, la participación en espacios de discusión sobre las problemáticas del trabajo en el espacio público, entre otras cuestiones, inciden en las estrategias políticas que llevan adelante. Asimismo, han logrado acceder y gestionar distintos recursos y actividades, tales como la percepción de programas sociales como el Potenciar Trabajo, el acceso a mercadería que se distribuye entre los/as vendedores/as o bien se utiliza para la preparación de ollas comunitarias, la gestión de un local propio, la realización de talleres de formación, la producción de distintos elementos que refieren a una identidad colectiva –como banderas y pecheras–, la articulación con abogados/as y otros/as profesionales que, en caso de que ocurra una detención arbitraria o violencia institucional, acuden para asistirlos/as. Este crecimiento puede observarse también en términos cuantitativos, dado por el aumento en el número de trabajadores/as que representan, que pasó de aproximadamente seiscientos a cerca de mil doscientos, entre el 2019 y fines del 2020[20].

La mayor legitimidad que fue adquiriendo la organización devino centralmente de la capacidad de negociación de sus referentes, pero también del lugar que las distintas prácticas asociativas tienen en garantizar la reproducción cotidiana de quienes la integran. Así, si bien la organización tiene como objetivo central construir marcos para garantizar el derecho al trabajo, "el lado comunitario" juega también un papel de importancia. Sumarse a "la lucha" no es únicamente participar de las instancias de enfrentamiento y negociación con los distintos actores que participan en la contienda por definir los usos del espacio público, sino también comprometerse en la gestión cotidiana de otras actividades, tales como participar de la cocina para la olla, de la limpieza del local, contribuir económicamente para el sostenimiento de las actividades desarrolladas, apoyar a otros colectivos de trabajadores/as, entre otras acciones. Entre estas actividades la asistencia alimentaria cobró un lugar central durante la pandemia.

La olla popular es una de las actividades principales que lleva a cabo la organización y fue pensada tanto para quienes integran VAIO como para las personas del barrio de Once que se encuentran en situación de vulnerabilidad. Al mismo tiempo, funciona como un espacio de encuentro y compromiso colectivo: el trabajo de cocina comienza cerca de las nueve de la mañana en el local, donde participan varones y mujeres de las tareas de preparación de los alimentos y posterior limpieza del espacio y los utensillos. Están también quienes se encargan del traslado de la comida a la plaza y de servir las porciones a quienes se acercan. Tal como lo expresa una de las entrevistadas:

...de esa manera ayudamos, somos muchos, y todos tenemos que colaborar de alguna otra manera, para poder así mantener este grupo que se armó.

(*Roxana, 40 años, peruana, veinte años de antigüedad en la venta, 2021 –EV8–*).

---

20 Información obtenida de una entrevista realizada a Luzmery Villanueva, principal referente de Vendedores Ambulantes Independientes de Once, por el medio "Abran paso". <https://www.abranpasoradio.com.ar/comerciantes-ambulantes-piden-que-la-ciudad-los-reconozca-como-tales/>.

De aquí que llevar a cabo la olla no es solo una forma de dar respuesta a necesidades básicas e inmediatas de estos sectores, sino que en la práctica tiene otras funciones que apuntan a consolidar el asociativismo entre los/as vendedores/as y fortalecer el compromiso de quienes integran la organización. Es, asimismo, un medio para visibilizar la organización, buscando contraponer los sentidos construidos desde los grandes medios de comunicación y el gobierno local en torno a este sector –asentados en la imagen de "mafias" que "usurpan" el espacio público–.

Las instancias de solidaridad recíproca generan compromisos entre quienes participan de estas formas asociativas, apuestan por la construcción de lo "comunitario" brindando apoyos de los que se espera una retribución encarnada en la responsabilidad de aportes a la organización. Estos aportes, en ocasiones son monetarios, pero generalmente apuntan a fortalecer la participación, a "jugarse por el amor a la camiseta" que implica ser parte de la "lucha por la venta en la vía pública". Durante este período, se fortalecieron las relaciones entre los/as vendedores/as a través del despliegue de distintas formas de ayuda mutua y comunitarismo impulsadas y canalizadas por la organización en los primeros meses del aislamiento, dando lugar a una militancia inscripta en lo socio-comunitario. Estas acciones están orientadas a garantizar la reproducción cotidiana de sus integrantes desde las dimensiones alimentaria y habitacional. A su vez, realizan aportes de dinero de manera voluntaria y, de esta manera, pueden cubrir el alquiler en caso de que alguien corra riesgo de quedar en situación de calle. De igual manera, si a una persona le confiscaron su mercadería, desde la organización se le brinda un apoyo económico para que pueda reponerla y sostener su fuente de trabajo. Por ello, estar organizado significa correr el eje de la responsabilidad individual que conlleva el autoempleo y asumir una solidaridad colectiva.

Horizontes, demandas y desafíos a futuro

Sin dudas, a partir de la pandemia la organización de Vendedores Ambulantes Independientes de Once ha dado un salto cualitativo en cuanto a sus actividades, vínculos y conquistas y un gran salto cuantitativo al representar a un número cada vez mayor de trabajadores/as. El lugar que ocupó VAIO en el apoyo a los/as vendedores durante los sucesivos desalojos y requisas realizados en la zona de Once, así como durante la pandemia y la vuelta a las calles hacia finales de 2020, contribuyó a fortalecer la legitimidad de los/as referentes constituyendo a la organización como un espacio deseable de pertenencia para muchos/as de ellos/as. La realización de distintas actividades basadas en lógicas de solidaridad y apoyo mutuo –préstamos, donaciones, distribución de alimentos, capacitaciones, entre otros/as–, así como los avances alcanzados en las sucesivas negociaciones con el GCABA en torno a la habilitación de zonas para la venta y el cese de la represión, se constituyen en acciones centrales para garantizar que la pertenencia a una organización colectiva de carácter asociativo y sindical es un juego que merece ser jugado.

La organización colectiva otorgó voz y permitió delimitar y vehiculizar las principales demandas del sector, a partir de la paulatina construcción de una identidad común asentada en la disputa de su condición de trabajadores/as y de allí, en la necesidad de regular su actividad en pos de garantizar el ejercicio de sus derechos. A la par de ello, la inscripción de VAIO en el MTE y su nucleamiento en la UTEP, amplió dicha identidad a un colectivo más amplio: el de la economía popular. En este marco, el afianzamiento de vínculos con otros/as trabajadores/as del espacio público –como son los feriantes, cuidacoches y artistas callejeros, entre otros/as– asentada en la pertenencia a una rama particular de la economía popular fortaleció el desarrollo de prácticas solidarias con un colectivo ampliado.

Sin embargo, la actividad se encuentra aún atravesada por un vacío legal que ampare a los/as vendedores/as desde una perspectiva que defienda sus derechos laborales, económicos, sociales y culturales. En la ciudad de Buenos Aires esta continúa siendo considerada un objeto de contravención y, en base a ello, las prácticas coercitivas por parte de los funcionarios públicos y agentes de las fuerzas de seguridad se ejercen de manera frecuente. Al momento, los acuerdos alcanzados no se han formalizado, tornándose sumamente frágiles frente a los cambios de signo político de la gestión local o bien de los contextos políticos y sociales vigentes, entre otras cuestiones.

En este marco, la necesidad de regulación de la actividad es lo que motiva a quienes trabajan en distintos oficios que se ejercen en la vía pública a disputar por el reconocimiento de sus ocupaciones, así como por el diseño de una ley que los ampare. Pocos años atrás –cuando comenzamos el trabajo de campo de esta investigación– la propuesta central de los/as vendedores/as refería a la obtención de permisos para trabajar junto a la regularización de su situación a través del pago de un impuesto derivado del uso del espacio público. "Estar dispuesto a pagar un impuesto" se vuelve una estrategia de negociación, que retoma uno de los principales reclamos que tienen los/as comerciantes, quienes trazan una frontera muy clara entre quienes cuentan con un local comercial y que pagan sus impuestos, y los/as vendedores/as ambulantes, que no tienen esos "costos". Además, emerge a partir de una representación ligada exclusivamente a la obligación de contribuir para ser considerado un ciudadano o trabajador legítimo sin problematizar la cobertura de necesidades de protección, seguridad social y salud como parte de condiciones de trabajo socialmente aceptables. A ello se vincula una búsqueda de ordenamiento de la actividad que permita mejorar las condiciones de trabajo. El deseo de trabajar en forma ordenada, en contraposición al desorden asociado a la ilegalidad y a las "personas de mal vivir", también es una respuesta frente a los sentidos enunciados por comerciantes y vecinos/as. El orden se traduce en que cada vendedor tenga su espacio asignado donde trabajar, de manera regulada, lo cual daría lugar a un cese en las distintas prácticas de violencia ejercidas por los distintos actores que participan en la contienda por el uso del espacio público, tales como el estado, los/as "vecinos/as", los/as comerciantes y quienes transitan por la zona, así como a los conflictos presentes entre los propios/as vendedores/as por el uso de los lugares en la calle que tienden a profundizar las desigualdades y contribuyen a generar fracturas dentro del colectivo.

A finales de 2022, desde la UTEP se ha presentado un proyecto de Ley Nacional de Trabajo en Espacios Públicos[21] que busca proporcionar un marco para la regulación de los trabajos de la economía popular que se desarrollan en el espacio público e incluye a vendedores/as ambulantes, feriantes, cuidacoches y artistas callejeros. Al momento el proyecto se encuentra pendiente de tratamiento. Su aprobación resultaría un avance de importancia en términos regulatorios y de respeto y ampliación de derechos para estos colectivos, sin embargo, requerirá también de su adhesión de los gobiernos municipales, en tanto que la regulación del uso del espacio público depende, en última instancia, de los niveles

---

21 En el caso de los/as vendedores/as el proyecto busca garantizar el respeto en "su labor y derechos, accediendo a un espacio de trabajo establecido y accesible" y contempla tres modalidades dentro de las categorías del comercio ambulante: venta ambulante, venta con parada determinada y móvil y venta ambulante interdistrital. Asimismo, propone: (1) la tramitación de habilitaciones para el ejercicio de la actividad –a ser otorgadas por los organismos municipales correspondientes– y para lo cual se requiere inscripción previa en el Registro Nacional de Trabajadores/as de la Economía Popular (ReNaTEP); (2) la delimitación de rubros permitidos en la actividad, y (3) la condiciones para el ejercicio de la actividad, que incluyen el respeto al libre tránsito y la distancia mínima exigida respecto a los comercios del mismo rubro, entre otras. Asimismo, establece la prohibición de privar de la libertad de quienes se dedican a estos oficios, en pos de garantizar el derecho "al trabajo en sus diversas formas" establecido en la Constitución Nacional y decomisar, retener o secuestrar sus mercaderías y herramientas de trabajo; delimita obligaciones para los/as trabajadores/as y establece diversas modalidades de sanción ante posibles faltas e incumplimientos a la ley, entre sus principales disposiciones.

locales de gobierno. De ahí que, la obtención de un marco nacional para el desarrollo de la actividad podría constituirse como una herramienta legal de disputa para presionar a otras instancias gubernamentales en pos de su adhesión y cumplimiento.

Referencias bibliográficas

Bentura, José Pablo, Lacaño, Cecilia y Mariatti, Alejandro. (2019). Apuntes sobre los límites del emprendedurismo en la era progresita: todo lo que es pasivo se activa en el aire. En L. Vecinday y J. P. Bentura (Eds.), *Entre la asistencia y la activación. Intervenciones sobre la pobreza en el Uruguay progresista* (pp. 108-133). Uruguay: Udelar, Grupo de Estudios sobre Sistemas de Protección Social, Prácticas Institucionales y Profesionales. https://www.colibri.udelar.edu.uy/jspui/bitstream/20.500.12008/27963/1/Intervenciones%20sobre%20la%20pobreza%20en%20el%20Uruguay%20progresista.pdf#page=108

Chihu Amparán, Aquiles. (2016). Marcos de acción colectiva en el movimiento de El Barzón. *Región y sociedad, 28(66)*, 321-337. https://www.scielo.org.mx/pdf/regsoc/v28n66/1870-3925-regsoc-28-66-00321.pdf

Fernandez Alvarez, María Inés. (2019). Nunca mafia. Experiencias de vida y formas de organización de vendedores ambulantes en espacios públicos. En M. I. Fernandez Alvarez, S. I. Wolanski, D. Señorans, F. D. Pacífico, C. Pederiva, M. P. Laurens, M. S. Sciortino, S. Sorroche, M. V. Taruselli y C. Cavigliasso (Eds.), *Bajo Sospecha. Debates urgentes sobre las clases trabajadoras en la Argentina* (pp. 29-42). Buenos Aires: Cooperativa Cultural Callao Limitada.

Ferrer, Gonzalo. (2020). Tensiones y desafíos para el fortalecimiento del trabajo autogestivo: del cooperativismo al emprendedurismo. La economía popular ante la crisis. Por la defensa de derechos y hacia una economía social y ambientalmente sostenible, *II Congreso Nacional de Economía Social y Solidaria*, Universidad Nacional de Quilmes, Buenos Aires.

García, Martina Inés. (2014). ¿Qué significa discriminar? Etnografía de la judicialización de la venta ambulante de inmigrantes africanos en la Ciudad de Buenos Aires. *Cuadernos de Antropología, 11*, 25-36.

Proyecto de Ley Nacional de Trabajo en Espacios Públicos, (2022). https://www4.hcdn.gob.ar/dependencias/dsecretaria/Periodo2022/PDF2022/TP2022/6228-D-2022.pdf

Horn, Pat. (2005). New forms of Collective Bargaining: Adapting to the informal economy and new forms of work. *Labour, Capital and Society/Travail, capital et société, 38(1/2)*, 208-224.

Maldovan Bonelli, Johanna y Melgarejo, Mariana. (2019). Reivindicaciones y demandas de los/as trabajadores/as no asalariados/as: el dilema redistribución-reconocimiento en la economía popular. *RevIISE - Revista de Ciencias Sociales y Humanas, 13(13)*, 263-278.

Morales Solá, Joaquín. (2017). Horacio Rodríguez Larreta: "Estamos trabajando para solucionar la venta ambulante ilegal". La Nación. https://www.lanacion.com.ar/politica/horacio-rodriguez-larreta-estamos-trabajando-para-solucionar-la-venta-ambulante-ilegal-nid1975337/

Pérsico, Emilio y Grabois, Juan. (2014). *Organización y economía popular: nuestra realidad* (Vol. 1). Buenos Aires: CTEP - Asociación Civil de los Trabajadores de la Economía Popular.

Sala, Gabriela. (2020). Erradicación del comercio en la vía pública y extranjeros vulnerables en el Área Metropolitana de Buenos. *IX Congreso de la Asociación Latinoamericana de Población*, UNFPA, el Fondo de Población de las Naciones Unidas.

Schtivelband, Muriel. (2021). El modelo punitivista de Cambiemos: imágenes y discursos de la relación Estado-Villas. *Revista Comunicación, Política y Seguridad(3)*, 32-62.

Snow, David y Benford, Robert. (1988). Ideology, frame resonance, and participant mobilization. *International social movement research, 1(1)*, 197-217. https://ssc.wisc.edu/~oliver/SOC924/Articles/SnowBenfordIdeologyframeresonanceandparticipantmobilization.pdf

CAPÍTULO 6

Estrategias organizativas de los/as trabajadores/as de plataformas de reparto: desafíos, obstáculos y demandas

Florencia Corradi

Como señalamos en el Capítulo 2 de este libro, en el trabajo de plataformas de reparto se desconoce cualquier relación de dependencia que vincule trabajadores/as –repartidores/as– y empresarios/as, de modo de evitar el cumplimiento de las protecciones propias de la legislación laboral. Por lo tanto, quienes trabajan para las empresas de *delivery* no son reconocidos como empleados/as, sino como contratistas, trabajadores/as por cuenta propia, autónomos/as o "colaboradores/as". El desconocimiento de la existencia de la relación laboral que practican empresas como Rappi y PedidosYa, tanto en la práctica como frente a la ley, es una de las piezas clave en la implementación de un modelo de negocios que supone nuevas formas de organizar y gestionar el trabajo que impactan –entre otras cuestiones– en las lógicas de acción y de organización colectiva de los/as trabajadores/as.

Ciertamente, la forma en la cual se desarrollan y entablan las relaciones laborales en este sector tiene también consecuencias en el terreno de las regulaciones laborales y particularmente aquellas relativas a la negociación colectiva. En los términos del derecho laboral existen diferencias relevantes entre lo referente al trabajo "independiente" y a las relaciones asalariadas: mientras que el trabajo "independiente" se sustrae de las regulaciones laborales, derivándolo al ámbito de las relaciones comerciales –donde ambas partes del contrato se sitúan en un supuesto pie de igualdad–, en el caso de las relaciones asalariadas el derecho concibe a ambas partes del contrato en condiciones asimétricas. El hecho de que el/la trabajador/a carezca de otros medios de vida lo/a coloca en una posición de debilidad que la regulación jurídica intenta "compensar" mediante diversas garantías. Según Palomino (2000) fue sobre esta última figura que se edificó la legislación laboral en el siglo XX. Ya sea mediante el desarrollo de una legislación protectora que tutela al/la trabajador/a en la relación o bien a través del desarrollo de la negociación colectiva, se busca equiparar o disminuir la asimetría existente en la relación empleador/a-empleado/a. En este sentido, la negación de la relación de trabajo y su reemplazo por el concepto de "colaboración" en el trabajo de plataformas "cuestiona, además de la tipicidad de los contratos laborales, la capacidad estatal para la regulación de las relaciones, la sustentabilidad de los sistemas de seguridad social, la pertinencia de la negociación colectiva y la existencia misma de las organizaciones sindicales" (Ottaviano *et al.*, 2019, p. 5).

Así, el modelo de negocio de las empresas de *delivery* desdibuja el rol de la organización sindical como representante de los/as trabajadores/as de la actividad y como una instancia de mediación ante las empresas. En este sentido, frente a la forma renovada de explotación del trabajo que conlleva la gestión algorítmica, cabe el interrogante sobre la capacidad que retienen los sindicatos para "equilibrar" la asimetría inédita entre capital y trabajo en el nuevo contexto planteado por el capitalismo de plataformas. Al respecto, distintos trabajos (Del Bono, 2020; Domínguez, 2019; Diana Menéndez, 2019; Arias, Diana Menéndez y Haidar, 2020) han mostrado cómo la precariedad en la que trabajan los/as repartidores/ as no es un obstáculo insalvable para el surgimiento de formas diversas de organización, en especial si atendemos a lo que sucede en la Ciudad Autónoma de Buenos Aires (CABA) y en el Área Metropolitana (AMBA). En este marco se plantean algunas cuestiones relevantes vinculadas a las características que asumen las colectividades laborales que se construyen, a los repertorios de acción colectiva que son capaces de poner en juego los/as repartidores/as y, muy especialmente, a la vigencia de los sindicatos "tradicionales" como principal forma organizativa de estos/as trabajadores/as.

En base a estas consideraciones, este Capítulo tiene por objetivo problematizar los desafíos, obstáculos y demandas presentes en lo que respecta a las posibilidades de organización sindical y acción colectiva de este sector del trabajo, teniendo en cuenta algunas experiencias y las potenciales rupturas o continuidades que significó la pandemia en estos procesos. Para ello, se recuperan tanto los hallazgos obtenidos en el marco del trabajo de campo realizado con repartidores/as del Área Metropolitana –cuyas consideraciones metodológicas fueron expuestas en la introducción de este libro– como los principales aportes de la literatura, que han analizado diversas experiencias organizativas tanto en el ámbito nacional como internacional.

Obstáculos objetivos y subjetivos para la organización gremial

Tanto a lo largo de este libro como en la literatura específica se ha señalado la existencia de un conjunto de obstáculos para la organización colectiva de los/as trabajadores/as de plataformas de reparto –sea esta sindical o bajo otros formatos organizativos–, vinculados a las características de la actividad, así como a la población que en términos generales constituye la fuerza de trabajo de este sector. A estos obstáculos de carácter objetivo podríamos añadir otros, vinculados a las representaciones en torno al accionar sindical que suelen aparecer como preponderantes entre estos/as trabajadores/as.

En relación a los primeros –los obstáculos objetivos– el trabajo de Ottaviano *et al.* (2019) señala a la dispersión geográfica y a la alta rotación como aspectos que dificultan el encuentro, la comunidad de acción y la identificación de intereses compartidos (Johnston y Land-Kazlauska, 2018). En este sentido, el hecho de que continuamente ingresen personas nuevas a la comunidad de los *riders* dificulta el reconocimiento de intereses en común. Así lo analiza una de las trabajadoras que entrevistamos, en el testimonio que sigue:

> Bueno, el principal desafío es que muchos de los que trabajan en estas plataformas son extranjeros y ya vienen con un miedo por más que sea un trabajo totalmente precarizado les da de comer a un montón de esos chicos entonces no quieren llamar la atención (…) Después, el tema de ser *rider* es una corriente fluctuante de gente todo el tiempo no es algo estable o sea por más que muchos se mantengan hay un montón de gente que entra y sale todo el tiempo y coordinar con tanta gente que sale y entra todo el tiempo más los chicos extranjeros que no se van a animar (…) Lo escuché "yo estoy bien así, "precarizado o no estoy mejor que como vine así que yo no voy hacer nada"… Va a ser complicado…
>
> *(Mariela, 43 años, dos años de antigüedad en PedidosYA, ex terapeuta ocupacional, 2021 –ER13–)*

Aquí esta joven repartidora visibiliza, junto con las consecuencias de la alta rotación, la gran vulnerabilidad de los trabajadores/as migrantes que se desempeñan en el sector. Según adelantamos en el Capítulo 2, trabajar en la entrega vía aplicaciones surge como una opción para muchos/as migrantes debido a la falta de otros trabajos disponibles correspondientes a su formación, las bajas barreras de entrada y la facilidad de acceso. Ahora bien, la alta proporción de población migrante, que en ocasiones puede significar una mayor aceptación de condiciones de precariedad, también representa una limitación para promover o participar de instancias colectivas.

A las consecuencias negativas de la permanente rotación de trabajadores/as se agrega, como otro factor que limita las oportunidades para avanzar en el terreno de la organización, la atomización generada por la naturaleza individual del proceso productivo, la inexistencia de un lugar común de trabajo y la utilización de contratos de muy breve duración (Domínguez, 2019). En este sentido, para muchos/as repartidores/as el trabajo es "muy individualista" y el hecho de que puedan extender sus jornadas laborales –"matarse un poquito"– para aumentar sus ingresos hace que desconfíen de instancias que regulen esa "libertad".

Es muy individualista todo. Es un laburo muy individualista y el pensamiento te termina volviendo individualista. Hay pibes –y no está bien esto– que están quince horas laburando porque quieren ganar… Y esto te da esa posibilidad: si vos trabajás muchísimo podés ganar mucho mejor que cualquier profesional…. Entonces andá a decirle a esa persona que se está matando todo el día que está ganando ochenta, noventa mil pesos que va a venir un sindicato o alguien y que va a perder ese mecanismo de individualidad. En algún punto, como te decía, el laburo tiene sus libertades y dentro de la miseria de este país (de todo, de la política y eso) una persona que, dentro de todo tiene su libertad, y matándose un poquito tiene ese sueldo, no quiere que se lo vengan a tocar. Tiene como miedo de perder todo ese tipo de cosas.
(Mariano, 34 años, tres años de antigüedad en PedidosYA, ex gastronómico, 2021 –ER6–)

Tal como señalamos en el análisis desarrollado en los Capítulos anteriores, muchos/as repartidores/as reconocen como un aspecto positivo la flexibilidad que significa poder adaptar los horarios en que salen a repartir (aunque también señalan las presiones que las plataformas ejercen para condicionar esa flexibilidad mediante la gestión algorítmica). Resta mencionar en tanto obstáculos objetivos para la organización político-gremial, una serie de elementos cuya relevancia hemos analizado detenidamente en los Capítulos anteriores pero que aquí importan en tanto barreras para la acción colectiva. Por un lado, la administración algorítmica y el sistema de *rankings* y calificaciones, que refuerza la discriminación y el disciplinamiento de la fuerza laboral. Son conocidas las estrategias que las empresas desarrollan para evitar o dificultar la acción colectiva, por ejemplo, bloqueando a los usuarios de quienes son identificados como organizadores de protestas (Vandaele, 2018).

Diversos trabajos (Diana Menéndez, Haidar y Arias, 2023; Perelman *et al.*, 2020) han realizado un análisis de las estrategias de resistencia y organización de los/as trabajadores/as de plataformas de reparto en Argentina desde la teoría de los recursos de poder (Schmalz, 2017), señalando cómo los mismos se presentan de modo articulado. En tal sentido, "las condiciones materiales del proceso laboral (reuniones/ encuentros cara a cara, tecnología) se articulan con dimensiones subjetivas (sentimientos de injusticia, expectativas de superación, fuerza del liderazgo) para construir recursos asociativos de poder" (Diana Menéndez, Haidar y Arias, 2023: p. 21).

En lo que respecta a la dimensión subjetiva, vinculada a las representaciones de los/as *riders* en relación a las posibilidades de organizarse sindicalmente y a los beneficios que ello traería aparejado, en distintas entrevistas realizadas a trabajadores/as de Rappi y PedidosYa, el primer elemento problemático que se vuelve evidente es que no existe homogeneidad en relación a las percepciones acerca de la necesidad, conveniencia y posibilidad de construir instancias de representación gremial. Según se desprende del análisis de los testimonios relevados, los/as entrevistados/ as consideran mayoritariamente que armar algún tipo de organización para expresar demandas sindicales es verdaderamente complejo y, en algunos casos, lo consideran lejano y hasta imposible. Incluso, cuando consultamos si contar con un sindicato formaba parte de sus intereses, percibimos en las respuestas un alto rechazo.

De ahí que, si bien en el entorno de las plataformas digitales de reparto existen ciertas dificultades objetivas que inciden negativamente en la organización colectiva de los/as trabajadores/as, varios de los relatos recabados dan cuenta más bien de las dimensiones subjetivas que operan como obstáculos para la organización sindical, expresadas en diversas formas de apatía y una falta de interés por todo aquello que se acerque a un reclamo gremial clásico. En este caso, las distintas trayectorias laborales de los/as repartidores/as inciden menos que cuando analizamos las experiencias laborales durante la pandemia (en el Capítulo 4 de este libro). El desinterés por la actividad sindical está presente tanto en los/as trabajadores/as más jóvenes con menos experiencia y más entusiasmados con la "libertad" que proponen las plataformas para organizar el trabajo, como entre los no tan jóvenes, que cuentan con una trayectoria laboral en otros sectores y actividades, y que se manifiestan en contra de los manejos gremiales que entienden como "poco claros". Así se desprende de algunos relatos:

Estuve viendo que alguien tenía pensado armar un sindicato... Que me parece un poco no bien pensado porque hay mucha gente que elige este trabajo justamente por eso, porque no hay sindicato, me parece respetable en ese sentido (...) Este no es un trabajo como el chofer de colectivo o el camionero, me parece que tendrían que re-planteárselo si quieren formar un sindicato como ví que están armando.
(Francisco, 26 años, un año de antigüedad en Rappi y ocho meses en PedidosYA, ex operario en fábrica, 2021 –ER7–)

No, no me gusta mucho... Si, la empresa te manda cuestionarios o cosas que pueda mejorar, yo siempre los contesto, tal vez es de ayuda. Pero no, gremios no.
(Alejandra, 37 años, un año de antigüedad en Rappi, ex gastronómica, 2021 –ER5–)

Sindicalmente, no me gustaría, porque veo que los sindicatos son peores que los que están arriba. Son muy pocos los que aprovechan los beneficios que supuestamente consiguen, no a todos les llega por igual.
(Juan, 25 años, un año y medio de antigüedad en PedidosYA y Rappi, ex trabajador de delivery de comercio, 2021 –ER15–)

Siento que no me suma en nada, no me siento cómodo con los manejos que tienen ciertos sindicatos al realizar los reclamos y esas cosas... No me siento cómodo con lo que fomentan.
(Daniel, 26 años, un año y medio de antigüedad en PedidosYA, preceptor y profesor, 2021 –ER10–)

Durante las entrevistas que realizamos en el período de la pandemia registramos, reiteradamente, testimonios discordantes con el escepticismo que manejan generalmente los/as *riders* hacia la construcción política-gremial. En ese caso, los relatos pertenecen a ex-trabajadores "formales" que al perder su trabajo o al ver disminuidos sus ingresos recalaron en las aplicaciones de reparto, con experiencias laborales más cercanas a la práctica sindical.

Sí, estaría bueno una organización gremial, algún convenio salarial estaría excelente. (...) El convenio de empleados de comercio quieras que no, a mí me aseguraba muchas cosas, en términos salariales, más que todo (...) He visto algunas marchas en Capital creo que hay organización, creo que no está bien administrada pero sí hay organización.
(Cristian, 32 años, un año de antigüedad en PedidosYA, ex gastronómico, 2021 –ER1–)

Claro que estaría muy bueno tener un sindicato, aunque en las plataformas las cosas a conseguir serían distintas a las que teníamos que pedir con el sindicato en la fábrica en la que trabajaba antes. Pero no sé, temas mínimos de la jornada de trabajo y del salario, se tendrían que plantear, lo necesitamos.
(Alejandro, 27 años, un año de antigüedad en PedidosYA, ex operario, 2021 –ER3–)

Por otro lado, dada la diversidad de trayectorias y experiencias laborales que confluyen en el trabajo de reparto, la actividad puede representar para algunos/as su principal ingreso, mientras que para otros/as puede ser complementario, generando intereses o demandas divergentes. Asimismo, las distintas valoraciones en torno a lo que la actividad representa para los distintos/as trabajadores/as condiciona la construcción de una identidad común y la predisposición a la movilización (Van Doorn, 2019). Según hemos analizado, las experiencias laborales de los/as repartidores/as entrevistados/as reflejan una valoración instrumental del trabajo en la App y la defensa de intereses propios de sus realidades particulares. Algunos de estos elementos, se reflejan en los testimonios que siguen:

No, no sería posible… creo que no sería fácil organizarse. Cada uno está muy en la suya en este trabajo o sea como que no hay tanta unión como en otro trabajo.
(Javier, 29 años, tres años de antigüedad en Rappi, ex trabajador de mercado pago, 2021 –ER16–)

No participaría porque no tendría el tiempo ni de ir a reuniones, ni participar, ni nada ¿viste? Como lo hago complementario en mi tiempito, me conecto, hago eso, estoy a veinte mil por hora… En mi trabajo con el gobierno de la ciudad estaba, estaba en el sindicato todo, pero eso demanda tiempo y bueno al no tenerlo también me di de baja de ahí.
(Germán, 36 años, dos años de antigüedad en Rappi y ocho meses en PedidosYA, trabajador de tránsito, 2021 –ER12–)

Finalmente, es necesario considerar como obstáculo la existencia de sindicatos fuertes en las actividades donde irrumpieron las plataformas, tanto en transporte como en reparto. Antes de la llegada a Argentina de las plataformas digitales, la actividad de mensajería urbana y reparto a domicilio se encontraba concentrada en las comúnmente llamadas "mensajerías" (Mourelo, 2020). En este sentido, existen diversos sindicatos que representan el interés colectivo de los/as repartidores/as. Entre estos se destaca la Asociación Sindical de Motociclistas Mensajeros y Servicios (ASIMM), que cuenta con personería gremial desde julio de 2009, para la Ciudad de Buenos Aires. Sin embargo, Haidar *et al.* (2020) señalan que, mientras que en algunos países europeos las organizaciones de repartidores han podido establecer alianzas con otros grupos sociales y sindicales (Vandaele, 2018), los/as trabajadores/as de reparto en la Ciudad de Buenos Aires encontraron en el sindicato que por definición estaría en mejores condiciones de representarlos (ASIMM), más que un aliado, un escollo para la defensa de sus derechos. En 2018, luego de la primera huelga de repartidores/as que tuvo lugar en la ciudad, los *riders* tuvieron contacto con la ASIMM pero la relación fue conflictiva, los/as repartidores/as se encontraron con un gremio ya consolidado y con ambiciones de controlar al nuevo grupo emergente, para canalizar las demandas, más que para escalar o amplificar las protestas. Se produjo, entonces, una ruptura que dura hasta la actualidad.

Demandas, estrategias de organización y acción colectiva

Si bien los obstáculos y las limitaciones mencionadas son variadas y complejas de sortear, distintos grupos de repartidores/as han desarrollado numerosas acciones de resistencia y experiencias de organización colectiva, tanto en nuestro país como en el plano regional e internacional (Miguez y Diana Menéndez, 2022). Entre ellas, algunas se asentaron en la articulación con sindicatos preexistentes, otras emergieron con la intención de convertirse en sindicatos reconocidos para la actividad y otras representan agrupaciones de base, con mayor o menor nivel de politización de las relaciones laborales (Haidar *et al.*, 2020). Asimismo, a la par del despliegue de diversas acciones colectivas –y en ocasiones como antesala de ello– es posible identificar algunas estrategias grupales asentadas en distintos espacios de encuentro que apuntan al fortalecimiento de lazos de compañerismo y solidaridad entre trabajadores/as.

En este apartado, nos detendremos en presentar algunas de las experiencias más relevantes que dan cuenta de las acciones colectivas entabladas, de las formas de organización posibles para encauzar dichas acciones y de las principales demandas presentes en el sector.

En tal sentido, entendemos que la dispersión y el escaso grado de consolidación de las organizaciones que representan a los/as *riders* se entrelazan con la construcción de demandas heterogéneas, expresadas por un abanico de organizaciones y colectivos laborales. Tal como podría esperarse en el marco de una actividad de trabajo tan precaria como la que realizan los/as repartidores/as, los reclamos son numerosos: mejoramiento de las condiciones de trabajo, estabilidad laboral, aumento de ingresos por pedido, protecciones sociales, existencia de un convenio colectivo de trabajo, modo de asignación de pedidos y conformación del *ranking* y mayor seguridad para trabajar en la calle, entre los principales.

En esta línea, en los siguientes extractos de entrevistas se hace referencia a la demanda por el mejoramiento de las condiciones de trabajo mediante una intervención en la regulación de las relaciones laborales que establecen los/as repartidores/as con las empresas:

> Necesitamos un Convenio salarial y estabilidad laboral. Bueno, también el tema de la seguridad, vacaciones pagas, descansos, una reglamentación con respecto a las horas, o sea un trabajo en blanco. Vos sabes que trabajás en algunos casos nueve meses, en algunos otros casos trabajás once, pero sabés que tenés quince días de descanso y en esto no, en esto si vos no trabajas no recibís dinero y encima vos perdés una calificación para poder acceder a tu trabajo nuevamente, entonces sí, creo que debería haber alguna regulación. *(Cristian, ER1)*

> Es una forma de trabajo híper precaria, estás muy solo y por más que sos monotributista y te pagues tu obra social es una obra social de monotributista de una categoría baja entonces no es la gran cosa… más allá de eso, hay un montón de elementos básicos que tiene cualquier trabajo que no los estaría teniendo y es muchísima la gente que trabaja de eso, así que tendría que tener algún tipo de regulación.
> *(Maite, 27 años, un año y tres meses de antigüedad en PedidosYA, docente, 2021 –ER17–)*

En otros casos, hay quienes consideran que el vínculo como monotributistas debería mantenerse, pudiendo regular individualmente la cantidad de horas a trabajar, pero existiendo un "piso mínimo de ingresos":

> Yo digo que tiene que haber un salario básico como una contención por el hecho de que te podés accidentar, te pueden pasar cosas, te podés enfermar y tiene que haber algo remunerado por cantidad de pedidos. *(Mariano, ER6)*

Otras demandas están vinculadas en específico al modo en que se asignan los pedidos, los *rankings*, las penalidades arbitrarias de la empresa, el cierre de cuentas, sin cuestionar necesariamente la forma en que la empresa contrata a los/as repartidores/as:

Eso para mí es fundamental porque hay muchas cosas, o sea, también está el tema de los clientes que a veces ha pasado varias veces que hacen pedidos, el *rider* va se lo lleva, lo da entregado, se va para seguir trabajando y después le llega notificación que al cliente no le llegó el pedido y ese es otro de los problemas que sería un reclamo también si hubiera un sindicato, porque eso a vos te juega en contra, te pueden cerrar la cuenta por eso; pero el cliente ¿sabés por qué lo hace? Lo hace para que después PedidosYa le dé un cupón de descuento, pero ellos lo que no saben es que a vos te cuesta el trabajo eso.

(Esteban, 44 años, un año de antigüedad en PedidosYA, ex remisero, 2021 –ER4–)

Asimismo, como hemos adelantado en el Capítulo 2, el punto en común y más importante en el que los/as repartidores/as coinciden, es en la demanda por mayor seguridad durante la jornada laboral. En este sentido, muchas reuniones o convocatorias a manifestaciones durante la pandemia fueron a partir de la ocurrencia de un robo o el asesinato de un compañero/a repartidor/a:

Al chico le metieron un tiro en la cabeza… Murió como hace un mes, estaba en coma, pero porque a él lo habían "afanado" una vez primero y al tener el rastreador en la moto fue a buscar la moto a donde la afanaron y de venganza le pegaron un tiro en la cabeza. No sé si recuerdan que en febrero pasó todo esto…Hubo una organización. *(Francisco, ER7)*

Lo que siempre manifestamos hoy en día es el tema de la inseguridad, eso siempre hay alguno que le roban, que le quitan sus cosas. Hemos visto que han asesinado a compañeros de nosotros, entonces de ahí es como que tenemos un grupo y nos unimos para manifestar eso por temas de seguridad, que nos cuiden entre los policías. Nosotros somos siempre los que corremos riesgo, a la hora de entregar un pedido, con el material, con el dinero en efectivo, con el teléfono, la moto, la bici. Eso es lo que siempre estamos reclamando, más seguridad para nosotros, que estén más pendientes a la hora de repartir.

(José Antonio, 26 años, venezolano, tres años de antigüedad en Pedi- dosYA, pre pandemia: trabajador de plataformas, 2021 –ER14–)

El trabajo diario está atravesado por el temor y la sensación de que en la calle "puede pasarte cualquier cosa". Frente a eso, como señaló una entrevistada, "la empresa no hace nada, si te roban tu bici o tu moto, arréglate, tema tuyo". Frente a este conjunto dispar de demandas, en los últimos años se han desplegado distintas acciones y estrategias organizativas en pos de mejorar las condiciones de trabajo en el sector. Una de ellas, quizás la más extendida, pero también de carácter mayormente informal, es la conformación de redes entre repartidores a partir de distintas vías de comunicación, generalmente basadas en el uso de redes sociales o aplicaciones de mensajería. Tal como hemos mencionado en la introducción de este libro, nuestro trabajo de investigación incluyó como estrategia metodológica la etnografía virtualizada, que resultó ser una estrategia clave para analizar estos espacios electrónicos. En ese marco, la observación de estas instancias de intercambio e interacción fue de gran ayuda para observar cómo estos espacios llegan a ser contextos de relación para quienes trabajan en el reparto. En tanto que las aplicaciones de reparto no poseen un aplicativo para que los/as repartidores/as se puedan comunicar o vincular entre sí, algunos/as trabajadores/as han creado y participan en grupos de otras aplicaciones y plataformas.

A partir de ello identificamos grupos exclusivos de la plataforma PedidosYa y otros que corresponden tanto a esta como a Rappi. Son grupos multitudinarios que se vinculan a través de WhatsApp, Facebook, Instagram y Twitter e integran trabajadores/as de distintas localidades y provincias. Inclusive, participan de estos espacios personas que prestan servicios para las plataformas y que residen en otros países. Algunos de estos grupos son públicos, cualquier persona interesada en participar puede hacerlo, y otros son privados. A través de estos espacios, los trabajadores/as logran desarrollar algunas prácticas colectivas y un relativo grado de organización.

A su vez, si bien la pertenencia a estos espacios virtuales no implica necesariamente un compromiso con el desarrollo de formas de acción colectiva ni de pertenencia a una organización en particular, se constituyen como lugares de encuentro e intercambio de información relevante para el desarrollo del trabajo y también, en ocasiones, para el despliegue de distintas formas de contención emocional o para el planteo de demandas que podrían conducir a instancias de mayores niveles organizativos.

A la par de estas redes, los lugares de espera de los pedidos, como la puerta de bares y restaurantes, operan también como lugares de encuentro en los cuales se comienzan a tejer lazos de amistad y solidaridad, entre otros. En términos generales, de los testimonios que relevamos, se desprende con frecuencia una fuerte valoración positiva a las relaciones entabladas con los "compañeros/as" de trabajo, que son quienes hacen que el trabajo sea "más llevadero". En línea con lo que proponen Muñoz y Abal Medina (2020), frente al entramado de dificultades con que se encuentran los/as repartidores/as "el encuentro con los pares permite descargar las frustraciones y establecer lazos de solidaridad con quienes son los únicos que pueden entender lo que le pasa a cada uno: el compañero de trabajo que se encuentra bajo ese individuo-empresario con el que se compite por los repartos" (p.7). Algunos testimonios ejemplifican estas afirmaciones:

> Experimenté que el compañerismo acá lo puedo desenvolver mejor que en otro lado ¿viste? Trabajé en otros lugares con bastante gente, no había esa sensación, ahí es tan tenso el clima laboral que no es propicio al clima laboral que acá sí. Ya te digo capaz hay alguien que sabe arreglar la moto "che tal día estoy libre, pásate que te arreglo la moto" hay gente así y hay cosas como estas que te digo que está copada y se practican y bueno. *(Francisco, ER7)*

> *¿En tu grupo de WhatsApp cuántos son? ¿Cuántos compañeros son?*
> Ocho... somos íntimos, somos amigos...
> *¿Y siempre se pasan la ubicación?*
> Más que nada cada vez que nos conectamos ¿viste? Para saber dónde están o si les pasó algo o si pinchó o se le rompió algo, si el otro está cerca para ir a auxiliarlo. *(Germán, ER12)*

Además de operar como una vía para ayudas mutuas, las redes también sirven como un espacio para intercambiar información relevante sobre la actividad, vinculada, entre otras cuestiones al manejo de la aplicación, comunicación con soporte, solución de dificultades propias del día de trabajo, promociones, zonas peligrosas y además pueden obtener información sobre reclamos, demandas y/o movilizaciones que el colectivo dinamice.

> Bueno... En eso sí sirve el Facebook. Hay un Facebook de repartidores ¿viste? Capaz que ahí te alertan y te dicen "Este pedido es trucho, sí te toca esta dirección no aceptes el pedido". *(Javier, ER16)*

> Te dicen las zonas donde no ir o con tal usuario tené cuidado o si hay algún cambio en la aplicación, conversan si es bueno o malo... Hay muchísimo compañerismo y es una comunidad, por lo menos la del Oeste, muy unida. La verdad que te da una re mano cuando lo necesitas. *(Mariela, ER13)*

> Lo que podés ver en los grupos son preguntas de gente que recién empieza a trabajar y te pregunta "¿chicos saben por qué me figura esto en la aplicación?". Siempre va a haber uno que te va a escribir y dar una opción para seguir adelante. *(Daniel, ER10)*

Las redes sociales y, en mayor medida, los grupos de WhatsApp, funcionan entonces como medio de comunicación para la organización de reuniones y acciones colectivas y configuran una forma de "activismo comunicacional" (Muñoz y Abal Medina, 2020) basado en la difusión y el intercambio de información vía redes sociales y mensajería, y un modo de contención afectiva, catarsis, consejos y organización de protestas.

Por otro lado, en lo que respecta a las acciones y mecanismos a través de los que se entablan los reclamos dos de las vías más utilizadas son el "paro" (que implica que los/as trabajadores/as se desconecten en un horario acordado o no tomen pedidos) y las concentraciones o movilizaciones en las sedes de las plataformas (Mourelo, 2020). La utilización del paro como estrategia de lucha da cuenta del particular carácter que tienen las relaciones laborales en este sector, a diferencia de lo que sucede en otros colectivos donde la inexistencia de la relación laboral forma parte de la propia configuración de las ocupaciones y no de una lógica de ocultamiento por parte de la patronal. En estos últimos casos, la utilización de la huelga como herramienta de lucha se complejiza, en tanto que la delimitación de los actores de negociación es más difusa y no suelen identificarse claramente quiénes deberían ser encargados/as de regular las condiciones de trabajo. Así, por ejemplo, en los distintos oficios que forman parte de la economía popular –como los/as vendedores/as callejeros (abordados en este libro) o los/as recuperadores/as urbanos/as– los reclamos suelen orientarse centralmente hacia el Estado en sus distintos niveles de gobierno y, en ocasiones, de manera complementaria, a otros actores que intervienen en el desarrollo de la actividad –como pueden ser comerciantes, grandes generadores de residuos, intermediarios en la compra venta de materiales, etc.–.

En este caso, por el contrario, la delimitación de la contraparte de negociación resulta fácilmente identificable. Un ejemplo de estas acciones refiere al primer paro de trabajadores/as de plataformas de Latinoamérica, llevado a cabo en Argentina –más específicamente en la ciudad de Buenos Aires– en julio de 2018, a menos de un año de que la empresa Rappi hubiera llegado al país. El paro se organizó a partir del cambio que realizó la empresa en la modalidad de asignación de los pedidos junto con la falta de pagos (Ottaviano *et al.*, 2019) y consistió en la desconexión simultánea de los/as repartidores/as en un horario pico dando cuenta de cómo "sin su actividad no se realiza el valor" (Haidar *et al.*, 2020), debido al lugar estratégico que poseen en tanto son quienes permiten la circulación de mercancías y la acumulación de datos en las aplicaciones. Este conflicto motivó una serie de encuentros entre repartidores/as de

Rappi y Glovo, y conductores/as de Uber y Cabify, a partir de los cuales se conformó el grupo base que motivó la constitución de un sindicato que busca representar a trabajadores/as de plataformas denominado Asociación de Personal de Plataformas (APP). Esta asociación sindical fue constituida en octubre de 2018 y ha solicitado ante el Ministerio de Trabajo, Empleo y Seguridad Social –en ese momento Ministerio de Trabajo y Producción– su inscripción gremial. Sin embargo, la agrupación perdió rápidamente el impulso inicial al dirigir buena parte de su estrategia a un reconocimiento gremial que al momento no se consiguió.

A diferencia de las organizaciones que apuestan por una construcción de carácter sindical, en el sector de plataformas existen otro tipo de experiencias que apuntan, no ya al reconocimiento de la relación laboral por parte de las empresas, sino a la construcción de organizaciones de carácter asociativo y autogestivo para el desarrollo de la actividad. Formar cooperativas de reparto, transporte o limpieza como alternativa autogestionada a las plataformas es otra forma de acción colectiva muy presente en EEUU (Hayes, 2019; Nolan, 2020) y también en España, Francia y el Reino Unido (Doherty, 2021). En Barcelona un grupo de *riders* de la plataforma RidersXDerechos, despedidos por Deliveroo y Glovo por haber organizado jornadas de protesta, fundaron en 2018 la cooperativa de reparto Mensakas. En Granada otro grupo lanzó la cooperativa de reparto y mensajería EDlivery con el apoyo de SMart. Varias ciudades como Madrid (La Pájara Ciclomensajería), Zaragoza (Zámpate Zaragoza), Bilbao (Botxo Riders) y Vitoria (Eraman Cooperativa) cuentan con cooperativas de reparto y mensajería (Köhler, 2022).

En esta línea, hacia el año 2015 comenzó a tomar cuerpo un nuevo movimiento: el cooperativismo de plataforma. "Nutrido centralmente por la academia, el cooperativismo, el sindicalismo y el activismo por el software libre, el cooperativismo de plataforma busca construir un contra proyecto para confrontar la precariedad laboral, la desigualdad, la discriminación, el control social y la explotación de los datos que producen las plataformas digitales" (Kasparian, 2022, p. 109). En Argentina una de las experiencias que se destaca es la cooperativa de trabajo Fiqus, surgida hace cerca de diez años. Desde su fundación y junto con otras organizaciones del sector, integran la Federación Argentina de Cooperativas de Trabajo de Tecnología, Innovación y Conocimiento (Facttic). En relación con su surgimiento Hernán, socio fundador, señaló que:

> Lo primero que surgió fue esto de compartir trabajo… Y de repente se transformó en un espacio de laburo la propia federación. Dejó de ser un espacio de interacción, de no sé qué, a transformarse (...)

Empezamos a hablar con Coopcycle de Francia y nos gustó la idea (...) Y lo que hicimos fue, "bueno, listo, hagámoslo. Empecemos". *(Hernán, socio fundador cooperativa de trabajo Fiqus, 2021 –ER20–)*

A partir de allí surgió CoopCycle Latinoamérica, que es tanto una federación de cooperativas de reparto en bicicleta, como de una infraestructura digital de ciclo-logística. En su plataforma pueden vincularse cooperativas de repartidores/as con clientes que solicitan el servicio y poseen una asignación de pedidos que escapa a la lógica del *ranking*, reemplazándola por la construcción de consensos horizontales.

¿Cómo funciona la plataforma de repartidores en términos de asignación de pedidos?

En cuanto a la parte algorítmica, lo que es importante es que la plataforma no asigna automáticamente los pedidos ¿está bien? Sino que tienen un compañero o compañera en la cooperativa que está, en vez de en la calle, está en una compu y en esa compu van llegando los pedidos y en un mapa vos podés ver todos los pedidos que hay, en tiempo real y todos los repartidores y repartidoras en tiempo real, en el mapa. Entonces esa persona asigna los pedidos según los consensos que hayan llegado en su cooperativa. Entonces el algoritmo no existe, sino que es la misma cooperativa. El día de mañana se puede hacer un desarrollo, que vos puedas volcar los consensos a la plataforma como para que tome la decisión, seguramente lo haremos. *(Hernán, ER20)*

Aun cuando la implementación CoopCycle en Argentina constituye todavía una experiencia incipiente con variadas limitaciones, la posibilidad que tiene la iniciativa de consolidarse y escalar la transforma en una buena alternativa para avanzar en una incorporación –más justa y virtuosa– de las tecnologías digitales en el mundo del trabajo.

Resistencia y organización de repartidores/as en pandemia

En un contexto donde las medidas de distanciamiento y aislamiento social implementadas para evitar el contagio forzaron a las personas a mantenerse en sus hogares, la actividad de reparto a domicilio fue declarada como "esencial" y los/as trabajadores/as fueron habilitados/as para transitar mediante un permiso de trabajo. De este modo, la cantidad de trabajadores/as dedicados/as a la actividad aumentó de manera exponencial, ya que representaba una alternativa para quienes necesitaban generar o aumentar sus ingresos en un contexto económico crítico.

Sin embargo, como ya hemos analizado detenidamente en el Capítulo 4, el reconocimiento de "esencialidad" no fue acompañado de un mejoramiento en las condiciones en que el trabajo se realizaba. Todo lo contrario. Distintos trabajos (Korinfeld, 2020; Gutierrez y Atzeni, 2021, Del Bono, 2023) señalan el degradamiento de sus condiciones laborales, entre las cuales se destacan: una intensificación de la jornada de trabajo con el consiguiente cansancio físico que conlleva la actividad sin que mediara un aumento en el pago por pedido; un aumento en los accidentes de tránsito- cuyo saldo fue el fallecimiento de cinco repartidores entre marzo y julio del 2020; mayor cantidad de asaltos y robos de vehículos y el tener que trabajar con temor y miedo al contagio del COVID-19 con limitados insumos para protegerse, brindados insuficientemente por las empresas. Este degradamiento es señalado por Gutiérrez y Atzeni (2021): "mientras las plataformas han visto crecer exponencialmente sus ganancias durante la pandemia, los repartidores han experimentado un deterioro sustantivo de sus condiciones laborales. La actividad de estos trabajadores se ha vuelto más peligrosa, menos lucrativa y autónoma" (p. 3).

Es decir, la situación de precariedad de la actividad que ya existía aumentó y con ella los riesgos habituales. Esto motivó que los/as trabajadores/as se vincularan y organizaran para mejorar sus condiciones laborales, en muchos casos recuperando estrategias, modalidades y canales de comunicación que venían construyéndose durante los años previos. Por un lado, emergieron diferentes formas de resistencia que se vinculan, según Gutierréz Crocco y Atzeni (2021), con prácticas individuales de "mal comportamiento", ya que permiten a estos/as trabajadores/as engañar a las empresas para obtener pequeños beneficios. Entre ellos señalan los micro robos, la realización de reparto por cuenta propia o el arriendo de cuentas falsas. A su vez, los/as repartidores/as profundizaron las estrategias vinculadas a una "solidaridad urbana", facilitada por el mismo proceso de trabajo que se desarrolla entre pedido y pedido, en las plazas, las avenidas y las esquinas. Por otro lado, han surgido nuevas experiencias organizativas y otras ya existentes se fortalecieron. El trabajo de Diana Menendéz (2021) recupera la experiencia de consolidación de la ATR (Agrupación de Trabajadores de Reparto), asociada al Partido Obrero, que, si bien existe desde antes de la pandemia, ha mostrado gran dinamismo durante el período de la cuarentena. Más reciente es la organización del colectivo SITRAREPA (Sindicato de Base de Trabajadores de Reparto por Aplicación), vinculada al partido de izquierda Nuevo MAS. Creada en el marco de la pandemia apuesta por la forma sindical como modalidad de organización, por lo que a mediados de 2021 presentó su pedido de inscripción gremial en el Ministerio de Trabajo de la Nación. Finalmente, el autor recupera la experiencia de la "Alianza Unidos World Action", la cual, siendo todavía incipiente, se presenta como una tendencia internacional con posibilidad de fortalecimiento, ya que se corresponde con el tipo de negocio global de estas empresas. La red realizó cinco paros internacionales entre abril del 2020 y noviembre del 2021, concertando acciones de deslogueo y movilización en distintos lugares del mundo. En relación a las demandas elaboradas, Diana Menéndez (2021) señala que "el pliego de reclamos es idéntico para los siete idiomas en que está escrito en su página web, resonando familiar en cada una las organizaciones de *riders*: reconocimiento laboral y descongelamiento de tarifas; rechazo del sistema de rankings; seguros de riesgo del trabajo, contra robos y cobertura de salud; licencias por enfermedad, accidentes y gestación; rechazo del sistema de bloqueos y derecho a rechazar pedidos; justicia e indemnizaciones para las y los trabajadores muertos en accidentes por trabajar y control público y sindical de las apps a través de un registro público" (p. 42). Las distintas organizaciones mencionadas confluyeron en la Legislatura Porteña el 16 de julio del 2020 a raíz del cambio en la legislación local del Código de Tránsito y Transporte de la Ciudad que era rechazado tanto por las organizaciones del sector (ATR, ASIMM, APP) como por legisladores opositores, ya que, si bien cuenta con algunos beneficios como la obligatoriedad de entregar a los repartidores elementos de seguridad e higiene, en palabras de José Tribuzio, abogado de la Asociación Personal de Plataformas (APP), "se queda a mitad de camino de una manera muy peligrosa, porque legitima la condición de autónomo de los trabajadores cargándolos de obligaciones" (Página 12. 28/07/2020). La norma establece un régimen de obligación de Registro Único de Transporte en Motovehículos como repartidores/as y la imposición de un régimen societario e impositivo para quienes se inscriban. Pese a la resistencia, como ya hemos analizado, la normativa avanzó en la Legislatura porteña con la incorporación de algún cambio menor (Ámbito Financiero. 20/07/2020).

Horizontes y desafíos a futuro

Este Capítulo tuvo como objetivo problematizar los desafíos, obstáculos y demandas presentes en lo que respecta a las posibilidades de organización sindical y acción colectiva de los/as *riders*, teniendo en cuenta algunas experiencias organizativas y las potenciales rupturas o continuidades que significó la pandemia en estos procesos. Para ello, recuperamos tanto los hallazgos obtenidos en el marco del trabajo de campo realizado con repartidores/as del Área Metropolitana, como los principales aportes de la literatura que han analizado diversas experiencias organizativas tanto en el ámbito nacional como internacional.

En este recorrido, señalamos cómo los obstáculos de carácter objetivo –vinculados a las condiciones en las cuales se realiza la actividad– se articulan con otros de carácter subjetivo, referidos a las representaciones en torno al accionar sindical que suelen aparecer como preponderantes en el sector. Asimismo, analizamos cómo la dispersión y el escaso grado de consolidación de las organizaciones que representan a los/as *riders* se vinculan con la existencia de demandas variadas y heterogéneas. Frente a este conjunto dispar de demandas, en los últimos años, se han desplegado distintas acciones y estrategias organizativas en pos de mejorar las condiciones de trabajo en el sector, entre las cuales se destacan como herramientas el paro y las concentraciones o movilizaciones en las sedes de las plataformas. Finalmente, recuperamos en el análisis otro tipo de experiencias que apuntan, no ya al reconocimiento de la relación laboral por parte de las empresas, sino a la construcción de organizaciones de carácter asociativo y autogestivo para el desarrollo de la actividad que se dan tanto local como internacionalmente.

La pandemia –y sus distintos momentos de aislamiento social– representaron para los/as repartidores/as un escenario laboral donde las condiciones en que realizaban sus tareas se degradaron. También significó la posibilidad de generar ingresos ante una situación económica crítica. Fue, también, parte de un proceso durante el cual muchos/as repartidores/ as fueron pasando "de los problemas a las reivindicaciones", generando desplazamientos en la representación de sí mismos desde la figura del "propio/a empleador/a" a la de trabajador/a de plataformas (Haidar *et al.*, 2020).

Sin embargo, los distintos fragmentos de entrevistas recuperados muestran cómo el proceso organizativo no es homogéneo, en su interior existen una gama de posiciones, demandas y percepciones divergentes. Por un lado, están quienes consideran que su trabajo como repartidor/a no mejoraría –e incluso empeoraría– con la representación colectiva o que los obstáculos son tan grandes que no lo consideran algo posible en su sector. Entre quienes apuestan por la organización, por un lado, reactualizan viejos métodos de lucha bajo nuevos formatos –donde las redes sociales emergen como un canal privilegiado de interacción y movilización– y, por el otro, siguen apostando a la forma sindical como una alternativa irremplazable para la representación y defensa de los intereses y derechos de este colectivo laboral. El proceso está abierto y en marcha.

Referencias bibliográficas

Bonner, Christine y Spooner, Dave. (2011). Organizing in the informal economy: A challenge for trade unions. *Internationale Politik und Gesellschaft (2)*, 87-105.

Del Bono, Andrea. (2019). Trabajadores de plataformas digitales: Condiciones laborales en plataformas de reparto a domicilio en Argentina. Universidad Nacional de La Plata. Facultad de Humanidades y Ciencias de la Educación; *Cuestiones de Sociología (21)*, 1-14.

Del Bono, Andrea. (2020). Nuevas tecnologías y relaciones laborales: la gestión algorítmica y su impacto sobre los trabajadores de plataformas. Universidad de Buenos Aires. Facultad de Ciencias Económicas; *Voces en el Fénix 80*, 86-91

Del Bono, Andrea (2023). Experiencias laborales de trabajadores de plataformas de reparto en el AMBA durante el contexto de aislamiento y distanciamiento social. En Muñiz Terra, L. (Coord.) *¿Encrucijadas o bifurcaciones biográficas? transiciones laborales en contexto de pandemia en Argentina.* Buenos Aires. CLACSO, pp. 67-92.

Diana Menéndez, Nicolás, Haidar, Julieta y Arias, Cora. (2023). Prácticas organizativas de trabajadores de plataformas de reparto en Argentina. Un análisis desde la teoría de los recursos de poder. *Papers*, 108 (1), e3044.

Diana Menéndez, Nicolás. (2021). Las formas de organización y protesta de los/as trabajadores/as de reparto. En Haidar, J., Menéndez, N. D., Bordarampé, G., y Pérez, M. A. *Las plataformas de reparto en Argentina: entre el cambio de gobierno y la pandemia.* Buenos Aires: Colección Método CITRA nº 08.

Diana Menéndez, Nicolás. (2019). ¿Qué hay de nuevo, viejo? Una aproximación a los trabajos de plataforma en Argentina. *Revista De Ciencias Sociales 165*, 45-58.

Doherty, Iwan. (2021). Wings Co-op. Courier owned *delivery. Grassroots Economic Organizing* August 30 https://geo.coop/articles/wings-co-op-courier-owned-*delivery*

Domínguez, Ana. (2019). Representación colectiva y negociación de derechos de trabajadores en plataformas. *Revista latinoamericana de derecho social* (29), 63-85.

Gutierréz Crocco, Francisca y Atzeni, Maurizio. (2021). Entre la precarización, el control algorítmico y la movilización. El efecto de la pandemia en los repartidores de plataformas en Argentina y Chile. *Revista Internacional del Trabajo* Vol. 141, Nº 3,, 489-512.

Gutiérrez, Francisca y Atzeni, Maurizio. (2021). Repartidores de plataformas. *Observatorio Económico (152)*, 2-3.

Haidar, Julieta. (2020) La configuración del proceso de trabajo en las plataformas de reparto en la ciudad de Buenos Aires. Un abordaje multidimensional y multi-método. *Informes de Coyuntura Nº 11*, Instituto Gino Germani, Facultad de Ciencias Sociales, UBA.

Haidar, Julieta, Diana Menéndez, Nicolás y Arias, Cora Cecilia. (2020). La organización vence al algoritmo (?) Plataformas de reparto y procesos de organización de los trabajadores de *delivery* en Argentina. *Revista Pilquen 23(4)*, 15-28.

Hayes, Ryan. (2019). Worker-Owned Apps Are Trying to Fix the Gig Economy's Exploitation. *VICE Newsletter*. Nov 19, 2019.

Johnston, Hannah y Land-Kazlauskas, Chris. (2018). Representación, voz y negociación colectiva la sindicalización en la economía del trabajo esporádico y por encargo. *International Labour Organization.* Serie Condiciones de Trabajo y Empleo No. 94.

Kasparian, Denise. (2022). La implementación local de cooperativas de plataforma. *Revista del Centro de Estudios de Sociología del Trabajo (CESOT) (14)*, 107-148.

Köhler, Holm-Detlev. (2022). Sindicalismo 'Gig' o la acción colectiva en la economía de las plataformas, *Cuadernos de Relaciones Laborales*, 38(2), 325-343.

Korinfeld, Silvia Marta. (2020). Los riesgos psicosociales de los repartidores de plataformas digitales en la situación de pandemia. En Neffa, J. *et al.* (eds.) (2020), *Pandemia y riesgos psicosociales en el trabajo* (pp. 99-106). Homo Sapiens.

Nolan, Halminton. (2020). New York City Drivers Cooperative Aims to Smash Uber's Exploitative Model. December 10, 2020

López Mourelo, Elva. (2020). *El trabajo en las plataformas digitales de reparto en Argentina: análisis y recomendaciones de política*. Buenos Aires; Oficina de país de la OIT para Argentina.

Muñoz, Karol Morales y Abal Medina, Paula. (2020). Precarización de plataformas: el caso de los repartidores a domicilio en España. *Psicoperspectivas 19(1)*, 1-12.

Negri, Sofía. (2020). El proceso de trabajo y la experiencia de los trabajadores en las plataformas de *delivery* en Argentina. *Estudios del trabajo 60*, 1-29.

Organización internacional del trabajo. (2017). *Perspectivas sociales y del empleo en el mundo*. Geneva: International Labour Office.

Ottaviano, Juan Manuel, O'Farrell, Juan y Maito, Matías. (2019). Organización sindical de trabajadores de plataformas digitales y criterios para el diseño de políticas públicas. *Análisis*, *49*, Buenos Aires: Fundación Friedrich Ebert, 1-43.

Palomino, Héctor. (2000). Trabajo y teoría social: conceptos clásicos y tendencias contemporáneas. *Revista de Ciencias Sociales, 17* (13).

Perelman, Laura, Mangini, Marcelo, Perrot, Bárbara, Fierro, María Belén y Garbarz, Martina Sol. (2020). Una APP de los/as trabajadores/as. *Friedrich-Ebert-Stiftung*, Buenos Aires. En línea: http://library. fes. de/pdf-files/iez/16625. pdf.

Schmalz, Stefan. (2017). Los recursos de poder para la transformación sindical. *NUSO*, número especial, 20-41.

Tolosa, Dylan Braian Cruz. (2020). Pandemia, jóvenes y precarización laboral: Repertorios y acciones colectivas de les trabajadores de plataformas en CABA. *Revista Argentina de Estudios de Juventud,* (14), e051.

Van Doorn, Niels. (2019) On the conditions of possibility for worker organizing in platform-based gig economies, *Reflections on Platform Labour*, Logout. https://notesfrombelow.org/article/conditions-possibility-worker-organizing-platform

Vandaele, Kurt. (2018). Will trade unions sur-vive in the platform economy? Emerging pat-terns of platform workers' collective voice and representation in Europe, *Working Paper*, European Trade Union Institute, ETUI

Página 12. Contra la ley de apps, 18 de julio de 2020. https://www.pagina12.com. ar/279221-contra-la-ley-de-apps

Página 12. El método Glovo, Rappi y PedidosYA, 28 de julio de 2020. https://www. pagina12.com.ar/281256-el-metodo-glovo-rappi-y-pedidos-ya

Ámbito.com. El impacto de la Ley de repartidores y apps de *delivery*, 20 de julio de 2020. https://www.ambito.com/opiniones/trabajadores/el-impacto-la-ley-repartidores-y-apps-*delivery*-n5118298

PARTE IV

Intervenciones estatales y políticas públicas

CAPÍTULO 7

Políticas públicas durante la pandemia, una mirada a la luz de los casos de vendedores/as callejeros/as y trabajadores/as de plataformas de reparto en Argentina

Malena Victoria Hopp

La pandemia Covid-19 marcó un punto de inflexión a nivel global. La emergencia del virus y las medidas de aislamiento social que fueron adoptadas para contener su propagación, impactaron en todas las dimensiones de la vida social. La economía y el mundo del trabajo sufrieron profundas transformaciones, y a la par de ello, se dieron cambios intensos en las formas de sociabilidad cotidiana. En Argentina, como en otras partes del mundo, el trastocamiento repentino de aquellas condiciones que formaban parte de la "normalidad", la profundización de las desigualdades existentes y la emergencia de nuevos problemas sociales, requirieron del despliegue de diversas estrategias de política pública para abordarlos y sostener la cohesión social.

El objetivo de este Capítulo es analizar las principales políticas públicas destinadas a trabajadores/as no asalariados/as, implementadas durante 2020 para atender las consecuencias socioeconómicas de la pandemia, considerando: (a) el modo en que dichas políticas participaron en la regulación de las condiciones de trabajo estableciendo el carácter esencial o no esencial de la actividad, y (b) las estrategias individuales, familiares y colectivas desplegadas para sostener la reproducción de la vida. Para ello nos concentramos en los dos grupos de trabajadores/as que son objeto de análisis de este libro: los/as vendedores/as ambulantes de la Ciudad Autónoma de Buenos Aires (CABA), pertenecientes a una organización social-gremial y los/as trabajadores/as de plataformas que ofrecen el servicio de reparto en la CABA y en la zona sur del Conurbano Bonaerense. Se trata de dos colectivos de trabajadores/as no asalariados/as en expansión que, tal como se ha señalado en la introducción de este libro, comparten algunos rasgos referidos a sus condiciones de trabajo y difieren en otros. A través de entrevistas semi-estructuradas buscamos captar la perspectiva de los sujetos respecto a su relación con las políticas públicas implementadas durante la pandemia. El análisis de estos casos permite también dar cuenta de la heterogeneidad del mundo laboral actual y las especificidades de ocupaciones que por distintas razones se encuentran débilmente reguladas y fuertemente desprotegidas. Por ello su estudio aporta a una reflexión más amplia sobre los desafíos de la promoción estatal y la protección del trabajo no asalariado en la post-pandemia.

La idea que buscamos desarrollar es que las políticas implementadas durante la pandemia replicaron los esquemas de intervención existentes en los que el trabajo asalariado formal tiene una gravitación fundamental. A partir de ello se distinguieron los sectores de actividad esenciales y no esenciales, las modalidades de intervención estatal, los recursos y la calidad de las prestaciones según la condición laboral y el tipo de unidad productiva. Este esquema (re)produjo y profundizó desigualdades de protección y acceso a derechos respecto del empleo asalariado y tendió a colocar a los/as trabajadores/as no asalariados/as en el espacio de la asistencia.

El Capítulo se organiza del siguiente modo. Primero presentamos la perspectiva teórico-metodológica para mirar las políticas públicas. Luego describimos y analizamos, desde las experiencias narradas por los sujetos, las principales políticas implementadas durante la pandemia con el propósito de sostener el trabajo, los ingresos y las condiciones de vida, en un contexto socioeconómico y sanitario crítico. Nos detendremos en aquellas que abarcaron a los/as trabajadores/as no asalariados/as como población destinataria, considerando sus alcances, límites y formas de articulación con las prestaciones y programas a las que accedían antes de la pandemia. A partir de las entrevistas realizadas intentaremos dar cuenta de la valoración sobre los recursos que ofrecen, los límites, las dificultades de acceso y las estrategias que desplegaron ante ello para atender sus necesidades. Por último, presentaremos las reflexiones finales y algunas pistas para abordar los desafíos del fortalecimiento y la protección social del trabajo no asalariado en la post-pandemia.

Mirar las políticas públicas. Coordenadas teórico-metodológicas

El modo en que las políticas públicas son objetivadas en cada sociedad permite comprender algunos principios organizativos más profundos y menos visibles que estructuran las sociedades (Shore, 2010). Siguiendo la hipótesis de Shore, la forma que toman las políticas en cada momento social e histórico expresa los regímenes de poder y los códigos culturales que moldean el comportamiento de los individuos y las organizaciones. ¿Qué políticas públicas se desplegaron ante la pandemia? ¿Qué supuestos y concepciones tradicionales sobre el trabajo se reactualizan en sus diseños? ¿Cómo contribuyen estos a (re)producir situaciones de desigualdad, desprotección, estigmatización y exclusión? ¿Qué barreras de acceso (normativas/formales y prácticas/informales) se construyen a partir de estos supuestos? ¿Qué conflictos y estrategias (individuales, familiares o colectivas) se despliegan para acceder a los recursos que ofrecen las políticas y para atender las necesidades que no son cubiertas/consideradas por las mismas? Estas son algunas preguntas que se abren a partir del planteo de Shore y que recorrerán el análisis que presentamos aquí.

El análisis se realizó a partir de una metodología cualitativa que articuló la información recabada en las veintiún entrevistas semiestructuradas (once a vendedores/as y diez a trabajadores/as de plataformas de reparto), realizadas entre septiembre y noviembre de 2021, en el marco de los proyectos mencionados en la introducción del libro y del análisis documental que incluyó normativas, informes de gestión, trabajos de centros de estudio e investigadores/as nacionales e internacionales, documentos de organismos multilaterales y de organizaciones sociales, información de sitios web, estadísticas, entre otras producciones referidas a las políticas públicas implementadas durante la pandemia, con foco en aquellas destinadas al trabajo no asalariado[22].

¿Por qué mirar las políticas públicas implementadas durante la pandemia a la luz de los casos de vendedores/as ambulantes y trabajadores/as de plataformas de reparto? La selección se fundamenta en la relevancia de estudiar dos ocupaciones que en la Argentina actual se encuentran en expansión y que dan cuenta de la heterogeneidad del mundo del trabajo y los desafíos de la protección y seguridad social en la post-pandemia. Estas actividades comparten ciertos rasgos ligados a condiciones laborales precarias, informales y de bajos ingresos que implican desprotección e incertidumbre en sus vidas cotidianas que requieren ser abordados urgentemente en términos de garantizar los derechos laborales básicos. Estos casos en sus similitudes y diferencias fueron una vía de entrada privilegiada para la comprensión de las políticas públicas, no sólo desde su normatividad y aspectos formales sino considerando la centralidad del

---

22 Los interrogantes que abordamos en este Capítulo se inscriben también en el proyecto PICT "Promoción y sentidos de la economía social y la economía popular. Rupturas y continuidades en las políticas sociales en Argentina", financiado por la Agencia Nacional de Promoción Científica y Tecnológica de la Argentina.

proceso de implementación en la escala cotidiana, entendida como un momento determinante de su institucionalidad, de su capacidad efectiva de intervención en las condiciones de vida (Grassi, 2014) y de la modulación de las desigualdades. Asimismo, permitieron observar la experiencia y los sentidos que adquieren para distintos grupos de trabajadores/as a partir de situaciones diferenciales respecto del reconocimiento (o no) de la actividad como trabajo y de su carácter esencial (o no) durante la pandemia. También el rol de las organizaciones sociales y las redes familiares ante los límites de las políticas públicas para la atención de las necesidades y las barreras de acceso con las que se encuentran las personas en la práctica.

Por su parte, los/as trabajadores/as de plataformas entrevistados/as, ofrecen el servicio de reparto en la zona sur de la provincia de Buenos Aires y en la Ciudad de Buenos Aires y trabajan de manera independiente.

Las políticas públicas nacionales ante la pandemia

Esenciales-no esenciales, formales-informales

El 11 de marzo de 2020, la Organización Mundial De La Salud (OMS) informó sobre la propagación de casos de coronavirus a nivel global. En nuestra región, y en Argentina en particular, hacía pocos días, se habían confirmado los primeros casos de personas que regresaban de viajes al exterior. El desconocimiento de la nueva enfermedad, la velocidad de expansión del virus y la gravedad de la situación epidemiológica a escala internacional, llevaron a la adopción de medidas estrictas e inmediatas para hacer frente a la emergencia sanitaria[23]. Mediante el Decreto 297/2020, sancionado el 19 de marzo, se estableció el aislamiento social preventivo y obligatorio (ASPO). Esto implicó que todas las personas que habitaban el territorio nacional debían permanecer en sus residencias habituales, realizando solo desplazamientos mínimos para aprovisionarse de artículos de limpieza, medicamentos y alimentos. Con ello se prohibieron los eventos sociales, culturales, recreativos, deportivos, religiosos y cualquier otra actividad que implicara la participación de personas por fuera del núcleo del hogar. La medida incluyó el cierre de las escuelas y otros espacios de cuidado infantil y sociabilidad comunitaria

---

23 Como señala el decreto 297/2020, el primer caso confirmado se detectó en la Ciudad Autónoma de Buenos Aires, el 3 de marzo de 2020 y a la fecha de establecimiento del aislamiento social preventivo y obligatorio (ASPO) se habían contabilizado 97 casos de personas infectadas en once jurisdicciones, tres de ellas habían fallecido.

que, al mantenerse en el tiempo, generaron importantes dificultades para la organización familiar y doméstica, tanto en aquellos hogares en los que alguno de sus integrantes debía salir a trabajar como en los que se realizaba teletrabajo o en aquellos en los cuales la pérdida del empleo requirió una reorganización repentina de las estrategias de reproducción[24].

Esta normativa estableció también veinticuatro sectores de actividad considerados esenciales para el funcionamiento de la sociedad. Las personas que desarrollaban tareas en dichos sectores estaban exceptuadas de las medidas de aislamiento, podían circular sin restricciones y trabajar fuera del hogar. El reparto a domicilio de mercancías estaba contemplado dentro de las actividades esenciales y el trabajo en las plataformas de *delivery* incluido en este último sector. Las actividades exceptuadas se fueron ampliando y regulando de acuerdo con la situación epidemiológica y a partir de la disponibilidad de vacunas para cubrir, primero a la población de riesgo y luego al conjunto de la sociedad. Durante los meses de marzo a septiembre de 2020 las restricciones fueron más estrictas, especialmente en el AMBA. Luego la apertura de actividades y la circulación se flexibilizaron.

La política que distinguió actividades esenciales y no esenciales marcó un clivaje fundamental entre distintos grupos de trabajadores/as: aquellos que pudieron (y debieron) continuar con sus tareas laborales fuera del hogar (también exponiéndose en mayor medida al contagio del virus), y quienes no estaban habilitados para gestionar los permisos de circulación y trabajar fuera del mismo. Las posibilidades de obtener dicha autorización dependían también de la relación laboral formal que respaldara la solicitud que se realizaba mediante una declaración jurada, a través de las aplicaciones Mi Argentina y Cuidar. Esta diferenciación reactualizó una clásica división de la política pública que marca condiciones de desigualdad históricas respecto de la seguridad social, la protección y los derechos del trabajo. En la pandemia, además, esto implicó la propia posibilidad de contar con el permiso de circulación para salir a trabajar.

Esta regulación marcó las experiencias narradas por las personas entrevistadas. En el caso de los/as trabajadores de reparto, el marco institucional de una empresa que otorga la plataforma y la legitimidad social de la actividad, garantizó la posibilidad de sostener o iniciar el trabajo de reparto para generar ingresos frente a la pérdida del empleo que se había dado en las trayectorias de la mayor parte de los/as entrevistados/as con la irrupción de la pandemia. Nueve de ellos/as tenían otros empleos

---

24 En Hopp *et al.* (2020) analizamos, desde una perspectiva de género, algunas de estas dificultades en el caso de vendedores/as callejeros durante el primer año de la pandemia.

previamente de los que fueron despedidos o suspendidos y encontraron en las plataformas de reparto una estrategia de generación de ingresos ante la crisis[25]. No obstante, la formalidad que habilitó la posibilidad de trabajar no se tradujo en condiciones laborales adecuadas, ya que esta actividad se caracteriza por la precariedad y la desprotección derivadas del principal supuesto que organiza el funcionamiento de las plataformas, según el cual se trata de trabajadores/as independientes. Esto fue señalado recurrentemente como el principal problema, junto a los bajos ingresos y los riesgos y displicencias de trabajar en la calle, incrementados por las exigencias de manejar, atender a las señales y mensajes de la aplicación en el celular y entregar los pedidos a tiempo. Al respecto es elocuente el modo tragicómico en que uno de los entrevistados relata su experiencia cotidiana:

¿Cómo te sentís trabajando actualmente? ¿Estás expuesto a más exigencias laborales, menos exigencias? Y, ¿por qué?

Es gracioso. Y, yo me siento que trabajo en una… Tengo un trabajo en el que por ahí no tengo responsabilidades demasiadas, más que asegurar lo que estoy llevando. Y al mismo tiempo, pareciera que tengo montones de responsabilidades, todo el tiempo. Y sumado a la responsabilidad de volver con vida a casa todos los días. Básicamente creo que la mayor parte de las tensiones laborales y las cuestiones de cuidados laborales tienen que ver con sobrevivir en la calle con la moto.

(Roberto, 44 años, tres años de antigüedad en PedidosYA y Rappi, ex trabajador de la administración pública, 2021 –ER11–)

Este supuesto de trabajo independiente que deja en manos de los/as trabajadores/as todas las responsabilidades, desde asegurar los pedidos hasta cuidar la propia vida, sin contar con ningún tipo de seguro o apoyo para ello, es sostenido por las normas que regulan la actividad y atravesó también las estrategias de política pública que se implementaron durante la pandemia, que no contemplaron las necesidades específicas y demandas del sector. Entre ellas que las empresas que los contratan garanticen las condiciones y medios de trabajo mínimos para el reparto, como proveer la caja para trasladar los pedidos (que además lleva la marca de la plataforma), una vestimenta adecuada, elementos de seguridad, cobertura frente a accidentes de trabajo o el incremento del valor del servicio que prestaban tratándose de una acti-

---

25 Para profundizar en las trayectorias laborales de los/as repartidores/as entrevistados, remitimos al Capítulo 4.

vidad declarada esencial tanto normativamente, como en la práctica de una parte importante de la población, principalmente en la Ciudad de Buenos Aires y de hogares de clase media y alta, que utilizaron estos servicios para poder quedarse en su casa y cuidarse del virus. Tal como se analiza detenidamente en el Capítulo 4 de este libro, a pesar de ello, estos/as trabajadores/as valoran la libertad para organizar sus horarios y la flexibilidad de no tener jefe, aunque ambas se encuentran limitadas, en gran medida, por la necesidad de generar ingresos suficientes para cubrir las necesidades, las penalizaciones y los rankings de las aplicaciones que dependen, entre otras variables, de cuántas horas y qué días trabajan y de las calificaciones que reciben de los usuarios. La posibilidad misma de trabajar y de estar en la calle en un contexto de crisis socioeconómica en el que la obligación era quedarse en casa fue un aspecto especialmente valorado.

¿Cómo te trató la pandemia y qué implicó en tu vida cotidiana?
Particularmente la pasé bastante bien. Por las facilidades para trabajar. Por sentirme privilegiado, además porque tenía la chanche de estar en la calle mientras todo el mundo estaba encerrado. Luego sí tuve algunas dificultades económicas como todo el mundo. Para colmo tuve… En algún momento ingresé mal los datos en la app [se refiere a la aplicación para gestionar los permisos de circulación], así que estuve dos semanas encerrado, sin poder comunicarme con nadie, sin tener permiso de circulación. Comprobé lo desastroso, lo desastroso que puede ser nuestro país administrativamente. *(Roberto, ER11)*

…Entonces gracias a dios, en mi familia más cercana, excepto mis tíos y mis primos que están en una situación más precaria no tuvimos que pasar hambre porque yo pude trabajar, ellos cobraron el ATP (Programa de Apoyo al Trabajo y la Producción), otros cobraron el IFE (Ingreso Familiar de Emergencia), tienen su tarjeta Alimentar pero hay otra gente que la pasó un poco más difícil.
(Mariano, 34 años, tres años de antigüedad en PedidosYA, ex trabajador gastronómico, 2021 –ER6–)

En ambos testimonios se destaca el hecho de poder trabajar, de tener un ingreso, a partir de realizar una actividad que fue establecida como esencial. Al igual que lo que señalaron otros/as entrevistados/as dedicados al trabajo de reparto, esta situación se vive como un "privilegio" respecto de otros grupos que tenían que quedarse "encerrados", "que pasaron hambre" o atravesaron dificultades para garantizar la reproducción cotidiana, debido a la falta de ingresos y de apoyos estatales.

En la experiencia de uno de ellos se observan también las dificultades que emergen ante la imposibilidad de establecer un vínculo cara a cara con quienes gestionan las políticas públicas. Ante el error al completar el formulario para obtener el permiso de circulación, la falta de vías de comunicación y las trabas burocráticas que demoraron la posibilidad de subsanar dicha equivocación, pusieron al descubierto un funcionamiento estatal que desde su perspectiva fue "desastroso" y tuvo como consecuencia la imposibilidad de salir de su casa por un periodo prolongado.

A diferencia del trabajo de plataformas, para los vendedores/as callejeros/as, la informalidad del trabajo dificultó el despliegue de nuevas estrategias laborales, como las ventas en las redes sociales con entrega a domicilio o el trabajo de reparto tradicional de mercancías sin mediación de las plataformas que algunos/as expresaron que hubieran querido desarrollar. En este caso, la imposibilidad de gestionar los permisos de circulación para salir a la calle reactualizó y reforzó un temor ligado a la violencia institucional y a la discriminación sistemática que ya sufrían en su experiencia laboral cotidiana previa a la pandemia, tal como se analiza en el Capítulo 3 de este libro.

> Mira, en pandemia, no solo para mí sino para todos, fue como caer presos. Pero presos con pánico. Yo quería salir, había necesidad en casa. Y no podíamos salir porque nos decían que, de cazar el bicho, y para colmo iban muriendo amigos con ese mal.
>
> *(Sonia, 50 años, peruana, veinte años de antigüedad en la venta, 2021 –EV3–)*

> *¿Y vendías siempre en Once? No te fuiste para otra zona.*
>
> No. Encima estaba *la ley de la pandemia*, porque te ponían causa o una papeleta por estar en la calle. Te ponían una multa de diez mil, setenta mil. A mí no me agarraban, yo escapaba.
>
> *(Carlos, 38 años, peruano, once años de antigüedad en la venta, 2021 –EV6–)*

Para dar cumplimiento al ASPO se desplegaron, por un lado, políticas de control en la vía pública y en los accesos a las distintas jurisdicciones. Por otro, se impulsaron distintas intervenciones ligadas al cuidado de la salud y al estímulo de la actividad económica, tales como el fomento del teletrabajo o trabajo remoto, la promoción de la seguridad y la salud laboral a través de protocolos de seguridad e higiene, la concesión de licencias para trabajadores/as que formaran parte de los grupos de riesgo frente al Covid-19, entre otras políticas necesarias, pero que desconocieron en gran medida, la situación de los/as trabajadores/as no asalariados/

as, particularmente de quienes desarrollan su labor en el espacio público en el marco de la economía popular, inhabilitados/as para salir a la calle e imposibilitados/as de continuar su actividad bajo la modalidad del teletrabajo. Estos relatos de los/as vendedores/as de la Ciudad de Buenos Aires, muestran cómo la pandemia profundizó un proceso de criminalización ejercido mediante controles por parte de las fuerzas de seguridad y otros organismos de control del espacio público locales como la principal forma de vinculación con la política pública, experiencia que ya formaba parte del desarrollo de su actividad laboral y de su vida cotidiana. El principal problema que señalaba este colectivo antes de la pandemia era, como hemos visto, el abuso de las fuerzas policiales y de inspectores del Ministerio de Ambiente y Espacio Público de la Ciudad, que los colocan en una situación de suma vulnerabilidad ante una violencia institucional que se materializa en decomisos habituales de mercadería, detenciones, persecuciones, golpes o interrogatorios en la vía pública que obstaculizan su labor cotidiana y atentan contra sus condiciones de trabajo y de vida, al tiempo que los estigmatizan y excluyen del espacio de la protección, la seguridad y la ciudadanía[26].

Ante la casi inexistencia de reglas formales de regulación de la venta callejera y de reconocimiento institucional de la actividad como trabajo, sumado a la intensificación de los controles de la circulación durante la pandemia, se incrementó el temor de salir a la calle, aun cuando no se contaba con otros medios para generar ingresos ni con recursos para garantizar la subsistencia. Al respecto resulta interesante interrogar la expresión de uno de nuestros entrevistados cuando afirma que además de no poder trabajar *estaba la ley de la pandemia*. Retomando la hipótesis de Shore (2010) podemos preguntarnos qué sentidos adquirió la intervención estatal condensada en la idea de ley de la pandemia para distintos grupos sociales y categorías de trabajadores/es en una sociedad estructurada a partir de profundas desigualdades de clase que se articulan

---

26 En el relevamiento sobre las formas de organización y las condiciones laborales de los/ as trabajadores/as de la economía popular dedicados a la venta callejera en la Ciudad de Buenos Aires realizado en 2019, junto al Programa de Trabajo y Economía Popular del Ministerio Público de la Defensa de la Ciudad observamos que cerca del 80% de los 82 vendedores/as encuestados considera que el principal riesgo de su trabajo se vincula a los abusos de las fuerzas de seguridad, seguido por el cansancio físico (50%), la exposición a las inclemencias climáticas (40%), los bajos ingresos (30%), las situaciones de discriminación (22%) y, en menor medida los robos, las peleas por el acceso al espacio de trabajo (11%), los accidentes de tránsito (7,5%) y las situaciones de violencia de género (2,5%). Este relevamiento se realizó durante noviembre y diciembre de 2019 en los principales puntos de trabajo en la Ciudad que son Plaza Miserere (Estación de Ferrocarril Once), Plaza Constitución y Estación Retiro (Maldovan y Hopp, 2020).

con otras culturales, ligadas a la procedencia nacional (los vendedores/as que entrevistamos son en su mayoría migrantes peruanos), al color de piel (oscuro-no blanco) y en este caso, a la actividad que realizan considerada ilegal o desleal respecto de los comercios establecidos. Estos principios organizativos más profundos y menos visibles regulan los usos legítimos del espacio público, e intervienen en las formas de reconocimiento y valoración de distintos tipos de trabajo, relegando a estos/as trabajadores/as de la economía popular y excluyéndolos de las políticas de protección del trabajo y de cuidado de la salud implementadas durante la pandemia, para colocarlos, nuevamente, en el lugar de las clases peligrosas[27].

Sobre este punto, podemos señalar que a pesar del reconocimiento que ofrece una de las principales políticas nacionales destinadas específicamente al sector, el Registro Nacional de Trabajadores de la Economía Popular (RENATEP), instituido en 2016 mediante la Ley 27.345 pero puesto en marcha efectivamente en 2020, con el objetivo de reconocer, formalizar y garantizar derechos y acceso a herramientas que permitan potenciar esta modalidad de trabajo (Res. MDS 408/2020), las políticas del gobierno local parten del supuesto de ilegalidad, irregularidad e informalidad de la actividad. A partir de ello la venta callejera es definida como un problema que atañe al ordenamiento del espacio público y es mayormente considerada una actividad que merece ser reprimida (Perelman, 2018; Pita y Pacecca, 2017; Maldovan y Hopp, 2021). Durante la pandemia el Ministerio de Desarrollo Social realizó operativos territoriales de inscripción en el RENATEP –en tanto organismo encargado de su implementación– otorgando credenciales de identificación que tenían como objetivo favorecer el reconocimiento de los/as trabajadores/as de la economía popular y brindar una herramienta de protección ante los potenciales conflictos en el espacio público. Nuestros/as entrevistados/as participaron de uno de estos operativos en Plaza Once, sin embargo, al momento en que finalizamos el trabajo de campo, aún no habían recibido las credenciales.

Asalariados-no asalariados, trabajadores-asistidos

Otro eje fundamental que estructuró el diseño e implementación de políticas públicas durante la pandemia distinguió entre asalariados y no asalariados, reactualizando un clivaje fundamental del mundo del trabajo

---

27 Para una reconstrucción histórica del proceso de reconceptualización de la cultura y las costumbres populares como irracionales y la consiguiente reconceptualización de las clases populares como peligrosas se puede ver Bauman (1997).

que se materializa en formas de intervención desiguales con prestaciones de mayor alcance y calidad para el primer grupo y una protección insuficiente e inadecuada en varios aspectos para el segundo. Como se observa en el cuadro (presentado al final de este capítulo), el gobierno nacional desplegó un conjunto importante de medidas ante la pandemia destinadas al estímulo de la actividad económica, la protección del empleo y el sostenimiento de ingresos[28]. Allí consignamos también las políticas de protección social, de inclusión socio-laboral y los programas específicos para el sector de la economía popular que existían previamente. Como veremos, algunos de ellos se ampliaron o reforzaron sus prestaciones para atender la situación de emergencia, otras políticas se crearon específicamente en el marco de la pandemia. De estas últimas, las principales, por su magnitud y alcance, fueron el Programa de Asistencia de Emergencia al Trabajo y la Producción (ATP) y el Ingreso Familiar de Emergencia (IFE).

El ATP, creado a través del decreto 332 del 2020, tuvo como objetivo asistir a las personas y empresas afectadas por la crisis sanitaria. Esto se realizó a través de: (a) la postergación o reducción del pago de las contribuciones patronales al sistema integrado previsional argentino, (b) la asignación de un salario complementario para trabajadores/as en relación de dependencia del sector privado, cubierto por el Estado Nacional, (c) créditos a tasa cero para monotributistas y trabajadores/as autónomos sin costo financiero y créditos con tasa subsidiada para empresas, (d) prestaciones del sistema integral de desempleo. Los requisitos de acceso se delimitaron a partir de evaluar si la unidad económica había sido afectada en forma crítica por la pandemia, si tenía un número relevante de trabajadores/as contagiados por el COVID-19, en aislamiento obligatorio o en licencia por ser grupo de riesgo o tener obligaciones de cuidado familiar, y haber sufrido una merma sustancial en la facturación, luego del 12 de marzo de 2020. A partir de estos criterios se priorizó el apoyo a las actividades de sectores no esenciales, aunque se consideraron aquellas esenciales que hubieran tenido un alto impacto negativo en su actividad. La solicitud de las prestaciones estaba a cargo de la parte empleadora, a fin de que sus trabajadores/as no sufrieran una reducción de ingresos. Según los datos de la ANSES "230.000 empresas (2,3 millones de empleadas/os) accedieron al ATP en mayo (2020) (sueldos de abril) y 217.000 (1,9 millones de empleadas/os) en junio (sueldos de mayo)" (ANSES, 2020, p. 5).

---

28 Minteguiaga y Lijterman (2022) analizan la capacidad de protección de las políticas sociales articuladas alrededor de la situación pandémica en Argentina.

En el caso de los/as repartidores/as entrevistados/as, uno de ellos recibió el ATP durante la pandemia en el marco de su anterior empleo en relación de dependencia. Una vez finalizado este apoyo fue suspendido y cobró una prestación de un valor considerablemente menor al de su salario y que vinculó con el Programa de Recuperación y Sostenimiento Productivo (REPRO). Este Programa, creado y utilizado en crisis económicas previas, fue relanzado durante la pandemia como una herramienta para sostener el empleo en sectores con dificultades económicas[29].

Primero, el ATP que era que mi trabajo tenía que pagar mitad de mi sueldo y la otra mitad la pagaba el Estado o un porcentaje de mi sueldo lo pagaba el Estado y lo otro mi empleo. Después cuando se terminó eso, pasamos a cobrar un fondo por pensión creo que es. No sé cómo se llama porque no me entregaron recibo de sueldo sobre eso, pero eran $9900, era como un bono exclusivo para trabajadores suspendidos, creo que era algo similar al REPRO o algo así. Eso hasta que renuncié que seguramente el gobierno ya le dijo "lo levantamos" porque creo que daba una cierta cantidad de meses el ATP creo que los primeros 5-6 meses… Creo que fue al principio de la pandemia casi todo hasta diciembre, de abril a diciembre… Después en enero empezar a cobrar $9900 que era insignificante. Aparte las cosas hoy subieron un montón, así que nada.

(Cristian, 32 años, un año de antigüedad en PedidosYA, ex trabajador gastronómico, 2021 –ER1–)

Si bien esta estrategia de subsidio al empleo privado a partir de una batería de medidas centradas en las empresas permitió morigerar el impacto negativo de la pandemia y buscó sostener en los meses más críticos el empleo, no fue suficiente para evitar los despidos ante la caída de la actividad económica. Además, se plantearon controversias en el plano de la distribución respecto de su función en un contexto de creciente inflación con un incremento importante en los precios de los alimentos y bienes de consumo básicos que afectaron el poder adquisitivo de los ingresos[30] y en el cual algunas empresas beneficiarias de esta política estaban teniendo ganancias extraordinarias. En cuanto a la valoración que realiza el entrevistado de la última prestación recibida

---

29 La prestación consistió en una suma de dinero que se pagó a los/as trabajadores/as a cuenta del pago de las remuneraciones a cargo de los/as empleadores/as adheridos al Programa. El beneficio pudo ser solicitado por empleadores pertenecientes al sector privado.

30 En el cuadro 1 se sintetizan algunas de las medidas que intentaron controlar los precios y estimular el consumo mediante el financiamiento con cuotas sin interés, que complementaron esta estrategia de emergencia.

como "insignificante", es necesario señalar que el monto al que alude es equivalente al otorgado por el Ingreso Familiar de Emergencia (IFE), una prestación no contributiva creada para compensar la pérdida o grave disminución de ingresos debido a la situación de emergencia sanitaria. Esta política de asistencia a la emergencia estuvo destinada a hogares de trabajadoras/es informales, desocupados/as y monotributistas de las categorías más bajas, definidos como los "sectores de la población con mayor grado de vulnerabilidad en términos socioeconómicos" (ANSES, 2020, p. 5). El monto del IFE fue de AR$10.000 (equivalente al 59,3% del Salario Mínimo Vital y Móvil) y sólo podía cobrarlo un integrante por grupo familiar que cumpliera los requisitos de acceso definidos por las condiciones de exclusión o precariedad laboral y de vulnerabilidad socioeconómica.

Esto nos permite reflexionar, por un lado, sobre el lugar central que ocupa el trabajo asalariado en la organización de las políticas públicas y las diferencias entre las prestaciones previstas para sostenerlo y aque-llas destinadas a los/as trabajadores/as no asalariados/as y a los sectores vulnerables. Por otro, muestran los supuestos implícitos en sus diseños y las pautas culturales que los estructuran expresados en intervenciones de política pública que contribuyen a construir una desigual valoración y reconocimiento de los distintos trabajos, colocando a los/as no asala-riados/as más cerca del espacio de la asistencia que del espacio produc-tivo y otorgando un monto que, desde la perspectiva de alguien que se encuentra fuera de este grupo, resulta insignificante.

Otro de los conflictos que interesa destacar es el vacío regulatorio respecto del apoyo a las unidades productivas de trabajadores/as no asala-riados/as. En primer lugar, nos referimos a la situación de las cooperativas que no se encontraba contempladas explícitamente en las líneas del ATP. Estos/as trabajadores/as pueden ser considerados como parte del sector de la economía popular y social e integran unidades productivas de carácter colectivo. Sin embargo, realizan sus aportes al sistema de seguridad social bajo la categoría de monotributistas, es decir de manera individual y percibiendo prestaciones de menor calidad que sus pares asalariados/as en empresas privadas. Esta cuestión viene siendo señalada como una de las principales problemáticas del trabajo autogestionado en Argentina y en la región por distintos estudios y también desde las organizaciones de representación del sector. Estos límites se vinculan tanto con la tensión que se plantea entre el carácter colectivo de la unidad productiva y el pago individual del aporte; como porque al momento de la jubilación, el monotributo sólo permite acceder a un haber mínimo. Los vacíos normativos en las políticas implementadas durante la pandemia, derivadas de un desconocimiento que ya existía, implicaron importantes dificultades de acceso y desigualdades respecto de otros grupos de trabajadores/as y unidades productivas (Hintze y Deux Marzi, 2020). Además, varias de las intervenciones que finalmente se implementaron, como el pago de un ingreso complementario similar al del ATP, surgieron como respuesta a los reclamos, demandas y la movilización de las organizaciones, luego de haber quedado excluidas de las mismas (Sterling Plazas *et al.*, 2020).

Un ejemplo de ello fue la extensión de la ayuda económica de la línea I del Programa Trabajo Autogestionado[31], establecida mediante la Resolución del MTESS 144 del 30 de abril de 2020. Esta asistencia económica de emergencia, en el marco de un programa existente destinado específicamente al sector, se otorgó a unidades productivas autogestionadas que suspendieran su actividad productiva o disminuyeran su nivel de ingresos como consecuencia del aislamiento preventivo, social y obligatorio. La misma tuvo una duración de dos meses y alcanzó un monto mensual de hasta AR$ 6.500, límite menor al del apoyo al empleo asalariado privado de la ATP. Su duración se fue prorrogando junto a la permanencia de las medidas de aislamiento obligatorio, especialmente en el Área Metropolitana de Buenos Aires donde las restricciones fueron más estrictas. Tras reiterados reclamos, la prestación se equiparó con el valor del salario mínimo, vital y móvil que en 2020 era de AR$16.875. No obstante, la ayuda económica seguía siendo menor a la que ofrecía la ATP que distribuía las prestaciones del siguiente modo:

…a quienes ganan neto menos de un salario mínimo vital y móvil –SMVM– (AR$16.875), el Estado le cubre el 100%. Aquí se encuentra aproximadamente el 15% de los beneficiarios de la ATP. En segundo orden, a quienes ganan entre uno y dos SMVM (entre AR$16.875 y AR$33.750) el Estado le asiste un SMVM. (…) Aquí se encuentra alrededor del 28% de los beneficiarios de la ATP. En tercer lugar, a quienes ganan entre dos y cuatro SMVM (entre AR$33.750 y AR$67.500) el Estado le cubre exactamente el 50% del salario. Aproximadamente el 42% de los beneficiarios de la ATP se encuentra en esta situación. Por último, a quienes ganan más de AR$67.500 el Estado le cubre un máximo de dos SMVM (AR$33.750). (ANSES, 2020, p. 5)

---

31 Esta línea, creada en el año 2004, prevé "la asignación directa y personalizada de una ayuda económica mensual, por un plazo de hasta VEINTICUATRO (24) meses, para las socias trabajadoras y los socios trabajadores de las unidades productivas autogestionadas, cuando el retorno de excedentes para cada socia o socio sea inferior al monto de UN (1) salario mínimo, vital y móvil" (Resolución MTESS 203 del 26 de marzo de 2004).

Otra de las dificultades con las que se enfrentaron los/as trabajadores/
as no asalariados/as fue la desprotección ante la cobertura de los riesgos
del trabajo y las licencias por enfermedad, por ser grupos de riesgo o
personas con responsabilidades de cuidado en un momento crítico, en
el que salir a trabajar, implicaba un riesgo mayor de contraer el virus
y los espacios escolares y de cuidado infantil se encontraban cerrados.
A diferencia del régimen del trabajo asalariado, la aseguradora de riesgos del trabajo y las distintas licencias deben ser cubiertas por ellos/as
mismos/as o afrontadas colectivamente en el caso de las cooperativas y
unidades asociativas. Esta situación implicó un problema fundamental
que ya existía y que se agudizó durante la pandemia cuando situaciones
inimaginadas (desde largos periodos de aislamiento de múltiples traba-
jadores/as simultáneamente y licencias, hasta el fallecimiento a causa
del virus) se convirtieron en parte de la vida cotidiana de estas personas
que, si no trabajan, no perciben ingresos (Hopp y Kasparian, 2021).

Tal como se analizó en el Capítulo 3, esta situación fue especialmente
compleja en el caso de vendedores/as ambulantes cuya situación laboral
ya era sumamente precaria y, frente a la imposibilidad de trabajar y la
prácticamente nula capacidad de ahorro, se quedaron rápidamente sin
recursos, muchos de ellos con dificultades para cubrir las necesidades
de alimentación básicas. Sumado a ello, la falta de cobertura de salud
ligada a la informalidad de sus condiciones de trabajo contribuía a con-
figurar una situación especialmente crítica, que como relataban los/as
entrevistados/as profundizaba el temor y el "daño psicológico"[32] ligado
al confinamiento. En algunos casos, además, les tocó vivir la enfermedad o fallecimiento de familiares o amigos/os en su país de origen, una
situación compleja en sí misma, agravada por la imposibilidad de viajar.
Todo ello, puso al desnudo la profundización de las desigualdades preexistentes a la pandemia.

De la batería de medidas destinadas al ámbito laboral y productivo que
ofreció el programa ATP, la única destinada explícitamente a trabajadores/
as no asalariados/as fueron los créditos a tasa cero para monotributistas,
a los cuales, como pudimos observar en nuestro trabajo de campo, no
han podido acceder los/as vendedores/as por el carácter informal de su
actividad. En el caso de los/as repartidores/as de plataformas cuyo perfil
se adecuaba al modo en que se delimitó la población objetivo, sólo uno
de los entrevistados que lo solicitó pudo obtener el crédito[33]. A diferencia
de este caso, otra trabajadora que buscaba cubrir una necesidad laboral

---

32 Liliana, 45 años, peruana, cinco años de antigüedad en la venta.

33 De acuerdo a los datos publicados por ANSES (2020) se otorgaron más de 340.000 créditos a tasa 0%.

mediante la compra de una moto, no pudo hacerlo. Ella relata su experiencia, en la que se vislumbra una incomprensión de los fundamentos de los requisitos de acceso y una sensación de injusticia respecto de la exclusión del beneficio:

…quise acceder al préstamo ese de monotributistas, de tasa cero y tampoco. Absolutamente ningún beneficio. Lo único que cobro es el que es el salario para personas en relación de dependencia o monotributistas.

¿Me explicas eso? Como monotributista quisiste pedir un crédito a tasa cero, pero no clasificaste.

Claro. Porque sacaron hace poco que, como beneficio para los monotributistas, iban a sacar unos créditos a tasa cero. Ellos te prestaban, creo y lo tenías que devolver el mismo monto, sin un centavo de intereses. Y yo quería aplicar para comprar una moto y aprender a manejar en moto, así ganaba más con Pedidos Ya. Pero no, no apliqué porque la mayoría de los que estamos en Pedidos Ya, o facturás muy poco o te pasás. Pero nunca estás en la categoría que corresponde. Todavía yo no estaba, no me hicieron la recategorización

(Fernanda, 28 años, un año de antigüedad en PedidosYA, ex trabajadora de comercio, 2021 –ER2–)

Como mencionamos, el IFE fue una transferencia de ingresos destinada a trabajadores/as considerados vulnerables. Este apoyo se otorgó a un solo integrante del grupo familiar y su monto fue menor al de la canasta básica total que según datos del INDEC, en abril de 2020, se ubicó en AR$13.784. A medida que se extendió el ASPO se fueron incorporando nuevos pagos hasta un total de tres durante 2020 (1° abril-mayo; 2° junio-julio y 3° agosto-septiembre). La inversión fue de aproximadamente AR$265.000 millones de pesos y la cantidad de titulares ascendió a más de 8,8 millones de personas, en promedio, teniendo en cuenta los tres pagos de la prestación. De estas personas, 2,4 millones lo recibieron de forma automática por ser titulares de la Asignación Universal por Hijo o la Asignación por Embarazo[34] (CNPS-SIEMPRO, 2021). Luego se implementó un cronograma de pagos para el resto. Quienes no contaban con una cuenta bancaria y sus datos no estaban registrados previamente en las bases de la Administración Nacional de la Seguridad Social (ANSES) (por ser trabajadores/as informales y no haber accedido antes a una prestación

---

34 Una prestación monetaria mensual implementada por la ANSES destinada a trabajadores/as desocupados/as, informales o del servicio doméstico que se paga por cada hijo/a menor de 18 años.

de la seguridad social), fueron quienes tuvieron mayores dificultades para el cobro y fueron también los últimos en recibirlo.

Cabe destacar que estas/os titulares de la Asignación Universal, en su mayoría mujeres, también recibieron de forma automática la prestación del Programa Alimentar. Este Programa forma parte del Plan Argentina Contra el Hambre, implementado al inicio del gobierno de Alberto Fernández ante los problemas de pobreza e indigencia que ya eran graves. Esta prestación consistió en la transferencia de dinero a través de una tarjeta para cubrir las necesidades de alimentación básicas. De acuerdo con los datos del Consejo Nacional de Coordinación de Políticas Social, al 4° trimestre de 2020 había 1.567.751 titulares de la Tarjeta Alimentar, de los cuales 1.168.482 recibieron una prestación básica de AR$4.000 y 399.269 contaron con acreditaciones ampliadas por AR$6.000. Esta política reemplazó al componente Federal del Plan Nacional de Seguridad Alimentaria, en el cual desde el nivel nacional se cofinanciaban las prestaciones alimentarias de planes provinciales mediante distintos convenios.

Antes de la pandemia, los/as trabajadores/as de reparto entrevistados/as (excepto uno), expresaron no tener ningún apoyo estatal. Los/as vendedores ambulantes, en cambio, eran destinatarios/as de diferentes políticas no contributivas. De nivel nacional, principalmente la Asignación Universal por Hijo. En menor medida percibían el Programa Potenciar Trabajo implementado por el Ministerio de Desarrollo Social con el objetivo de fortalecer la economía popular. De nivel local, contaban con el Programa Ciudadanía Porteña, un subsidio mensual a hogares en situación de vulnerabilidad que se otorga a través de una tarjeta precargada que puede ser utilizada únicamente para la compra de alimentos, productos de limpieza e higiene personal, útiles escolares y combustible para cocinar (Ley 1878 de la Ciudad de Buenos Aires). También mencionaron recibir ayuda alimentaria y uno de ellos un subsidio habitacional.

Durante la pandemia, la principal política a la que accedieron ambos grupos fue el IFE. De los/as veintiún entrevistados/as, cuatro trabajadores/as de reparto y seis vendedores/as ambulantes lo percibieron directamente o por otro de los integrantes del grupo familiar. Además, seis vendedores/as también comenzaron a cobrar el Programa Potenciar Trabajo y todos/as recibieron alguna modalidad de ayuda alimentaria, principalmente la que les brindaba VAIO, la organización de la que formaban parte. Si bien Potenciar Trabajo se presenta como un programa de fortalecimiento de la economía popular, su implementación depende del Ministerio de Desarrollo Social cuya población destinataria se define a partir de la situación de vulnerabilidad social, planteando una tensión persistente entre una intervención destinada a fortalecer el trabajo como medio de integración social y su uso como un recurso de la asistencia (Hopp, 2021). La ayuda alimentaria derivada de la titularidad de la Asignación Universal por Hijo o la recibida a través de la organización son prestaciones claramente asistenciales.

Sobre la experiencia de implementación del IFE y de otros refuerzos de ingresos bajo la modalidad de bonos extraordinarios para reforzar la protección social queremos señalar que estas políticas no pueden ser comprendidas desde la perspectiva individual, ya que su gestión, asignación, usos y sentidos que adquieren se inscriben en las dinámicas y estrategias de los hogares para atender múltiples necesidades que se profundizaron durante la pandemia. En el caso de los vendedores/as ambulantes, el rol de la organización social, tanto para la gestión, acceso e implementación de las políticas públicas, como también por los recursos materiales –principalmente alimentarios– y simbólicos, fundamentalmente el sostén emocional y afectivo ante la crisis, fue fundamental. De este modo las estrategias familiares de este grupo se asentaron en la esfera comunitaria y se colectivizaron.

Por otra parte, es importante marcar que la articulación virtuosa de las intervenciones de emergencia con las políticas existentes previamente permitió una rápida transferencia de recursos a partir de la identificación de las poblaciones en situación de vulnerabilidad mediante la información con la que ya contaba el Estado nacional en sus bases de datos. En la experiencia de nuestros entrevistados/as esta vinculación con las políticas públicas facilitó el acceso a las formas de apoyo disponibles durante la pandemia, por ejemplo, a partir del cobro de la AUH accedieron de forma automática al IFE y a la prestación de la Tarjeta Alimentar. Quienes eran titulares del Programa Potenciar Trabajo y no pudieron acceder al IFE cobraron un bono extraordinario. No obstante, esta modalidad efectiva para cubrir las necesidades de una parte importante de la población ante la emergencia reprodujo y profundizó situaciones de desigualdad de aquellos cuya vinculación con el Estado era más débil. Esta población fue la última que accedió al cobro de las prestaciones del IFE, en los casos en los que lograron anotarse y acceder a las mismas, y reprodujo la exclusión de muchas de las personas que ya se encontraban previamente excluidas de las políticas de protección social. Esto pudimos registrarlo en el caso de los/as vendedores/as ligado especialmente a la situación migratoria irregular[35] o bien por no cumplir con la cantidad de años de

---

35 En nuestro país, la Secretaría de Trabajadores/as Migrantes y Refugiados/as de la Unión de Trabajadores de la Economía Popular (UTEP) lanzó la Campaña Regularización Migra-

residencia exigidos para acceder a las políticas[36]. Esta problemática ya ha sido señalada por el relevamiento de Agenda Migrante 2020 que muestra que más del 80% de las personas migrantes encuestadas durante la pandemia, no logró acceder al IFE (Corradi y Timpanaro, 2020).

A diferencia de los/as vendedores/as, los/as trabajadores/as de plataformas que entrevistamos, no mencionan ningún tipo de organización (social ni gremial) como parte de sus estrategias de atención de las necesidades durante la pandemia. En este caso, los soportes familiares fueron fundamentales ante el quiebre de las trayectorias laborales y la merma de ingresos durante la pandemia, acentuándose así un proceso de refamiliarización del bienestar. En algunos casos, esto implicó la pérdida de márgenes de autonomía conquistados previamente. La experiencia que relatan Cristian y Fernanda, un joven matrimonio en el que ambos perdieron su trabajo, es un ejemplo de ello. Ante la disminución de los ingresos familiares debido a la pérdida del empleo propio y posteriormente de su pareja y la imposibilidad de acceder a políticas de apoyo, debieron volver al hogar parental, con lo que ello implica tanto en términos subjetivos como prácticos de la vida cotidiana.

Entonces, los cambios en tu hogar, el nuevo hogar en el que viven ahora, tienen que ver con la pandemia. Con la pandemia y sus consecuencias, ¿no?

Principalmente, sí, sí. Ni hablar y todo lo que conlleva eso ¿no? Porque el tema de la convivencia es algo muy complicado y uno se fue hace muchos años ya y tiene que volver es como algo mentalmente muy fuerte... La pandemia por ese lado golpeó muy fuerte más allá de los miedos también de salir porque bueno hay factores de riesgo en la casa así que sí, sí cambió radicalmente el tema de la pandemia. (...) Intentamos mantener la estructura familiar lo más entera posible para que eso no cause ningún problema extra, más allá de lo propio de la convivencia digamos. *(Cristian, ER1)*

---

toria Ya y solicitó el acceso en igualdad de condiciones al IFE y otros subsidios de emergencia implementados, demandando la revisión de los requisitos de acceso establecidos y la agilización de los trámites y la entrega de documentos de identidad. En una carta abierta al presidente, Alberto Fernández, se señalaron las dificultades que el colectivo migrante tiene para acceder a la documentación, lo cual los ha dejado excluidos de las políticas para atender las consecuencias socioeconómicas de la pandemia. <https://www.facebook.com/secretariamigrantesyrefugiadxsUTEP/photos/-agradecemos-las-200-adhesiones-que-recibimos-en-apoyo-a-la-carta-abierta-al-pre/579095312965751/>.

36 La AUH requiere que los/as hijos/as y sus progenitores sean argentinos/as y residan en el país. En el caso de ser extranjeros o naturalizados, deben contar con 2 años de residencia en el país (Ley 24.714).

Durante la pandemia tuvieron que rescindir el contrato de alquiler que tenían por problemas económicos e irse a vivir "a una casita, en el fondo de lo de mi suegra", un lugar que los ayudó a sortear la crisis pero que no les resulta tan cómodo. Si bien allí tienen una vivienda individual, comparten la cocina y el baño. Esto modificó totalmente la dinámica de la vida diaria:

> En realidad, estamos casi siempre acá adelante, así que si, vivimos todos juntos. (…) Esta mi suegra, el marido de mi suegra. Mi suegra tiene un hijo y el hijo tuvo un hijo. Así que están ellos dos, mi suegra es la que tiene la guarda del nene más chiquito. Y después, en el fondo, hay otra casita también, en la que viven mi otro cuñado con la novia. *(Fernanda, ER2)*

Si bien el gobierno nacional implementó una política de congelamiento del precio de alquileres y prohibición de los desalojos, la medida fue insuficiente y en la práctica sólo abarcó a aquellos/as inquilinos/as que tuvieran contratos de alquiler formales y en regla. Tampoco resolvía el después, es decir cómo afrontarían los meses adeudados en los casos como el de nuestros entrevistados, cuyas condiciones de trabajo y nivel de ingresos, habían cambiado significativamente. En el caso de los/as vendedores/as, ninguno contaba con un contrato formal por tanto la discrecionalidad en el valor y condiciones de sus alquileres ya eran habituales. Más allá del amparo que la política buscaba ofrecer, la inseguridad y la incertidumbre respecto de la situación habitacional continuaron marcando sus condiciones de vida durante la pandemia, exacerbadas además por la disminución de los ingresos.

En otros casos, la pérdida de ingresos familiares significó una ampliación del tiempo laboral forzada que fue en desmedro de la posibilidad de dedicarse al estudio. Un joven de 26 años relata su situación ante la pandemia:

> En lo laboral tuve que salir a trabajar igual porque ya no alcanzaba con el sueldo de mi hermana. En el tema de los estudios tuve que dejar algunas materias así que se me complicó un poco en el tema del estudio. (…) O sea, en el tema salir no tuve tanto problema, pero sí en el estudio que se me complicó un poco. Pero de a poco estamos saliendo a flote. (…) Me cambió un poco porque antes, de los siete días de la semana estudiaba cuatro y ahora apenas estudio uno o dos y tengo que salir a trabajar.
>
> *(Juan, 26 años, un año y medio de antigüedad en Pedidos YA y Rappi, ex delivery en comercio, 2021 –ER15–)*

Desafíos para fortalecer el trabajo no asalariado en la post-pandemia

Hasta aquí, hemos analizado las principales políticas públicas destinadas a trabajadores/as no asalariados/as, implementadas durante 2020, para atender las consecuencias socioeconómicas de la pandemia. A partir de los casos de vendedores/as ambulantes y trabajadores/as de plataformas de reparto mostramos el modo en que estas intervenciones reactualizaron un modelo de política pública centrado en el trabajo asalariado formal ciego a las especificidades y necesidades del trabajo autogestionado, tanto en la economía popular, como aquel que se realiza de modo pretendidamente independiente en las plataformas.

La arquitectura de las políticas públicas y los recursos que el Estado nacional puso en juego fueron significativos, aunque limitados en tanto que reprodujeron y profundizaron desigualdades de protección y acceso a derechos anclados en el sostenimiento de un ideal de trabajo clásico que no existe y obtura la comprensión de la realidad y los problemas que vive un sector de trabajadores/as no asalariados/as en expansión. Como mostramos a través de los casos de estudio, esta realidad es heterogénea, pero comparte condiciones de desprotección que los colocan en una situación de vulnerabilidad socioeconómica y de incertidumbre que limita sus posibilidades de planificar más allá del día a día y de construir una visión de un futuro deseable para sí y su familia, y en el caso de los/as vendedores/as, también para sus compañeros/as de la organización en la que se inscriben sus estrategias de reproducción de la vida.

Estos trabajos también son objeto de desvalorización, discriminación y exclusión sistemática de las principales políticas de protección y fortalecimiento de la actividad productiva. En este sentido, los principios y valores ligados al trabajo que estructuran nuestra sociedad y subyacen en los diseños de las políticas públicas tienden a colocar al trabajo no asalariado en el espacio de la asistencia. Así se desconoce el aporte que realizan al bienestar social y particularmente el rol fundamental que tuvieron durante la pandemia para sostener con el esfuerzo propio la reproducción de la vida del conjunto social. Esto se dio tanto a partir de las estrategias colectivas de contención y apoyo mutuo a nivel local y comunitario, como a través de los servicios esenciales que brindaron los trabajadores de plataformas de reparto, arriesgando la propia vida, para que otros/as puedan quedarse en casa y disminuir los riesgos de contagio del virus.

No obstante, la situación de los colectivos analizados difiere en un punto crucial que es el reconocimiento de la actividad como trabajo, en el caso de los/as repartidores/as de plataformas, aunque podemos considerar tal reconocimiento como parcial debido al desconocimiento de la relación laboral con las empresas propietarias de las plataformas; y la falta de este reconocimiento en el caso de los/as vendedores/as ambulantes. En este caso esto se tradujo en el reforzamiento de un proceso de criminalización del trabajo en el espacio público de más larga data y de una experiencia subjetiva en la que "la ley de la pandemia", no fue la misma para todos/as.

El carácter esencial o no del trabajo fue un clivaje fundamental que se anudó a la condición de formalidad. Sin embargo, esto no se tradujo en mejores condiciones laborales para aquellos/as que cumplieron dicho rol esencial. Los efectos de esta forma de organización social y de las políticas públicas, se traslucen, en los relatos de nuestros/as entrevistados. Por ejemplo, cuando una repartidora que trabaja a la mañana porque tiene un hijo pequeño, nos cuenta que a esa hora habitualmente hay pocos o ningún pedido y por eso no genera el ingreso esperado. Aprovecha, entonces, ese tiempo para andar en bicicleta. Entre risas explica que le cuesta ver esta actividad como un trabajo y que lo que más contabiliza cuando no tiene ingresos suficientes, es el tiempo que estuvo haciendo ejercicio para saber si va a bajar de peso *(R9)*. En un sentido similar Roberto, ríe y explica que una vez resignado a no poder hacer un montón de cosas y a haber perdido ciertas seguridades (como poder tomarse vacaciones, cuidar su salud o planificar la vida diaria), se dispone a disfrutar de la libertad y "ya que estamos, ¡seamos pobres con alegría!". El mandato moral del trabajo y la necesidad de trabajar aún en las peores condiciones se expresa en la ironía y la risa como recurso subjetivo frente a las penurias de la propia vida. También en la idea de resignación respecto de las certidumbres, las garantías y el bienestar que otrora otorgaba el trabajo, o aquel ideal de trabajo como sistema de distribución de ingresos, derechos y protecciones en crisis (y que en nuestra región nunca existió plenamente), a fin de poder disfrutar de esta nueva condición de libertad, aún en la pobreza[37].

El análisis realizado nos permite identificar dos desafíos centrales para una política capaz de fortalecer el trabajo asalariado en la post-pandemia. El primero es la urgencia de revisar las intervenciones existentes y crear nuevas instituciones que garanticen la protección más allá de la registración y de la condición asalariada o no asalariada. Es necesario avanzar hacia la igualación de las condiciones laborales, el acceso a derechos

---

37 Esta ideología que construye el discurso del management y que representa "el espíritu del capitalismo" (Boltansky y Chiapello, 2010) actual permea todos los ámbitos de la sociedad y funciona como justificación y adhesión a un sistema que los relega o excluye.

básicos, el reconocimiento y la valorización del trabajo en la economía popular, en las plataformas y en las diversas modalidades de trabajo no asalariado. La pandemia ha mostrado que no sólo se trata de tareas socialmente necesarias, que producen valor, sino que son indispensables para la sostenibilidad de la vida. Esto implica romper con dos inercias, la de la precarización laboral y la de la criminalización del trabajo para construir derechos. De aquí se deriva el segundo desafío que es el diseño de políticas laborales y productivas, atendiendo a las particularidades de cada sector de actividad, las formas de organización del proceso de trabajo y las necesidades que tienen. Esto requiere correr la intervención del espacio de la asistencia para poner de relieve su aporte actual y potencial para la provisión de bienestar.

CUADRO 1: Principales políticas nacionales implementadas antes y durante la pandemia (a partir de marzo de 2020)

PREVIOS a la pandemia	DURANTE LA PANDEMIA	
Programas de protección social PREVIOS a la pandemia	Medidas de promoción de la salud y de estímulo a la actividad económica	Protección al empleo y a los ingresos
Políticas de protección social	Medidas de promoción de la seguridad y la salud de los/as trabajadores/as	Refuerzo en la política de protección social
-Asignaciones familiares: Asignación Universal por Hijo/Asignación por Embarazo para protección social/ Trabajadores/as en relación de dependencia -Pensión no contributiva para madres de siete hijos -Seguro de desempleo -Programa alimentario PAMI -Plan Argentina contra el hambre -Plan Nacional de Seguridad Alimentaria	-Fomento del teletrabajo o trabajo remoto -Concesión de licencias laborales: a trabajadores/as con responsabilidades de cuidado y pertenecientes a grupos de riesgo - Promoción de la seguridad y salud en el trabajo: protocolos de seguridad e higiene - Reconocimiento del Covid-19 como accidente de trabajo por ART	-Tarjeta Alimentar y entrega de alimentos a comedores comunitarios -Ampliación del Seguro de Desempleo -Bono extraordinario para programas sociales y asignaciones familiares de monotributistas y no contributivas (Asignación Universal por Hijo y por Embarazo), jubilados, pensionados y grupos de trabajadores/as esenciales. Suspensión de: exclusiones y bajas de monotributo; cuota para créditos ANSES; cortes de servicios básicos; desalojos y congelamiento de precio de alquileres

Políticas de inclusión socio-laboral	Políticas de apoyo financiero	Medidas para la protección de fuentes laborales
-Jóvenes con Más y Mejor Trabajo -Progresar	-Creación del Fondo de Garantía para la Micro, Pequeña y Mediana Empresa -Créditos a MiPyMEs para el pago de sueldos -Inversión en producción y abastecimiento de alimentos e insumos básicos a través de líneas de crédito -créditos tasa 0% para monotributistas	-Prohibición de despidos y suspensiones laborales -Ampliación del Programa de Recuperación Productiva (REPRO) -Exenciones al pago de contribuciones patronales en sectores afectados
Programas para el sector de la economía popular	**Otras medidas para proteger la producción y el abastecimiento**	**Creación de programas en el marco del covid-19**
-Programa Trabajo Autogestionado - Registro Nacional de Trabajadores y Trabajadoras de la Economía Popular (RENATEP) -Salario Social Complementario	-Fijación de precios máximos por 30 días -Facilidades de pago (extensión del Programa Ahora 12) -Relanzamiento del programa Procrear	-**ATP: Programa de Asistencia de Emergencia para el Trabajo y la Producción** -**IFE: Ingreso Familiar de Emergencia** -Implementación del RENATEP -Ampliación de emergencia de la Línea 1 del Programa Trabajo Autogestionado. -Potenciar Trabajo (y, dentro del mismo, Potenciar Joven). Integra los titulares del Salario Social Complementario.

Fuente: Elaboración propia en base al relevamiento realizado en el Proyecto PISAC COVID 19 00014 "Heterogeneidad estructural y desigualdades persistentes en argentina 2020-2021".

Referencias bibliográficas

Bauman, Zygmunt (1997). *Legisladores e intérpretes sobre la modernidad, la posmodernidad y los intelectuales*, Buenos Aires: UNQUI.

Boltanski, Luc y Chiapello, Éve (2010). *El nuevo espíritu del capitalismo*, Madrid: Editorial Akal.

Corradi, Florencia y Timpanaro, Berenice (2020). Capítulo 3. Migración y economía popular: los desafíos de concretar los marcos protectorios para atravesar la pandemia, en Malena Hopp y Johanna Maldovan Bonelli (Ed.), *Informes de Coyuntura 12. ¿De qué hablamos cuando hablamos de una «nueva normalidad»? Reflexiones en torno al trabajo de los/as vendedores/as callejeros/as en el contexto de la pandemia del* COVID-19 (pp. 28-38). Buenos Aires: IIGG http://iigg.sociales.uba.ar/2020/11/01/de-que-hablamos-cuando-hablamos-de-una-nueva-normalidad-reflexiones-en-torno-al-trabajo-de-los-as-vendedores-as-callejeros-as-en-el-contexto-de-la-pandemia-del-covid-19/

Grassi, Estela (2014). Regímenes universalistas, derechos e igualdad. La escala cotidiana de las políticas sociales, en Ana Arias, Bárbara García Godoy y Romina Manes (Ed.), *Debates en torno a la construcción de institucionalidad* (pp.51-66). Buenos Aires: UBA-Sociales Espacio Editorial.

Hintze, Susana y Deux Marzi, María Victoria (2020). La economía popular, social y solidaria en la encrucijada COVID 19. *2da. Serie especial covid-19 AMBA resiste. Actores territoriales y políticas públicas*, 2, 24-31. http://observatorioconurbano.ungs.edu.ar/wp-content/uploads/Hintze-Deux-Marzi.pdf

Hopp, Malena Victoria, Maldovan Bonelli, Johanna, Frega, Mariana, y Trajtemberg, Agustina (2020). Trabajo, género y desigualdades en la economía popular. Una mirada sobre la situación de los vendedores/as callejeros en tiempos de pandemia. *Trabajo y sociedad*, 21(35), 7-25.

Hopp, Malena Victoria (2021). *El trabajo: ¿medio de integración o recurso de la asistencia? Las políticas de promoción del trabajo asociativo y autogestionado en la Argentina.* Buenos Aires: Teseo. https://www.teseopress.com/trabajomediointegracionorecursodeasistencia/

Maldovan Bonelli, Johanna, y Hopp, Malena (2020). Dossier: La venta callejera: una mirada en profundidad de una rama de la Economía Popular. *Revista Institucional de la Defensa Pública de la Ciudad Autónoma de Buenos Aires: La emergencia de la Economía Popular en la CABA*, 22, 44-80. https://www.mpdefensa.gob.ar/publicaciones/revista-institucional-nro22

Hopp, Malena Victoria y Kasparian, Denise (2021). La opción cooperativa para el trabajo de cuidado. Potencialidades y límites para la inserción socio-laboral de mujeres de sectores populares en Argentina. *Pampa. Revista Interuniversitaria de Estudios Territoriales*, (23), 77–99. https://doi.org/10.14409/pampa.2021.23.e0034

Maldovan Bonelli, Johanna, y Hopp, Malena (2021). Trabajo y políticas públicas: los sentidos asociados a la venta callejera en la Ciudad Autónoma de Buenos Aires. *Sudamérica: Revista de Ciencias Sociales*, 0(15), 195-228. Recuperado de https://fh.mdp.edu.ar/revistas/index.php/sudamerica/article/view/5437

Minteguiaga, Analía y Lijterman, Eliana (2022). Pandemia y después. Configuraciones de la capacidad de protección social en Argentina (2020-2021). En Minteguiaga, Analía,

Midaglia, Carmen y Sátyro, Natalia (eds.) *Protecciones sociales en América Latina en tiempos de pandemia*, Buenos Aires. URL: https://www.teseopress.com/protecciones-socialesenamericalatinaentiemposdepandemia

Perelman, Mariano (2018). Disputas en torno al uso del espacio público en Buenos Aires. *Caderno CRH*, *31*, 87-98. http://dx.doi.org/10.1590/S0103-49792018000100006

Shore, Cris (2010). La antropología y el estudio de la política pública: reflexión sobre la "formulación" de las políticas. *Antípoda*, *10*, 21-49.

Fuentes

ANSES (2020). "Boletín IFE 2020. Caracterización de la población beneficiaria", *Serie Estudios de la Seguridad Social*, Dirección General de Planeamiento – Observatorio de la Seguridad Social. Disponible en web: http://observatorio.anses.gob.ar/archivos/documentos/Boletin%20IFE%20I-2020.pdf [Consulta: 3 de marzo de 2023].

Ley 24.714/1996, de 2 de octubre, régimen de Asignaciones Familiares (1996).

Ley 27.345/2016, de 14 de diciembre, Prórroga Emergencia Social (2016).

Decreto de Necesidad y Urgencia 297/2020, de 19 de marzo, aislamiento social preventivo y obligatorio (2020).

Argentina (2023). *La AFIP recuperó 130 millones de empresas que cobraron de manera fraudulenta el programa ATP*. Disponible en web: https://www.argentina.gob.ar/noticias/la-afip-recupero-130-millones-de-empresas-que-cobraron-de-manera-fraudulenta-el-programa [Consulta: 6 de marzo de 2023].

Ley de la Ciudad de Buenos Aires 1878/2006, de 10 de enero, créase el Programa Ciudadanía Porteña "con todo derecho" (2006).

CNPS-SIEMPRO (2021). *Medidas de Emergencia Frente a la Pandemia*. Disponible en web: https://www.argentina.gob.ar/sites/default/files/2021/09/politicas_de_emergencia_resumen_ejecutivo.pdf [Consulta: 8 de marzo de 2023]

INDEC (2022). "Mercado de trabajo. Tasas e indicadores socioeconómicos (EPH) Primer trimestre de 2022", *Trabajo e ingresos*, 6(4), pp. 1-24. Disponible en web: https://www.indec.gob.ar/uploads/informesdeprensa/mercado_trabajo_eph_1trim22756BA7CC2D.pdf [Consulta: 3 de marzo de 2023].

Resolución Ministerio de Desarrollo Social 408/2020, de 16 de junio, Créase el Registro Nacional de Trabajadores y Trabajadoras de la Economía Popular (RENATEP) (2020).

Ministerio de Salud. Argentina (2022). *Información epidemiológica*. Disponible en web: https://www.argentina.gob.ar/salud/coronavirus-Covid-19/sala-situacion [Consulta: 3 de marzo de 2023].

Resolución Ministerio de Trabajo, Empleo y Seguridad Social 203/04, de 26 de marzo, créase el Programa Trabajo Autogestionado (2004).

Resolución Ministerio de Trabajo, Empleo y Seguridad Social 144/2020, de 30 de abril, Asistencia Económica de Emergencia (2020).

RENATEP (2021). *Hacia el reconocimiento de las trabajadoras y los trabajadores de la economía popular. Primer informe de implementación. Reporte Mayo 2021*. Disponible en web: https://www.argentina.gob.ar/sites/default/files/2021/05/informe_completo_renatep.pdf [Consulta: 3 de marzo de 2023].

Sobre las autoras

ANDREA DEL BONO. Doctora en Ciencias Políticas y Sociología, Universidad Complutense de Madrid (UCM), Licenciada en Historia Argentina por la Universidad Nacional de La Plata (UNLP). Investigadora Independiente del Consejo Nacional de Investigaciones Científicas y Técnicas (CONICET). Profesora Titular Regular de la Universidad Nacional Arturo Jauretche (UNAJ), donde se desempeña como directora del "Programa de Estudios del Trabajo y Análisis Críticos de la Flexibilización Laboral" (PET-ICSyA-UNAJ). Profesora Adjunta Regular de la Universidad Nacional de La Plata (UNLP) y docente de posgrado de la Maestría en Ciencias Sociales del Trabajo de la Universidad de Buenos Aires (UBA). Especializada en el campo de la sociología del trabajo sus investigaciones profundizan en el estudio de las dinámicas de transformación y flexibilización de los procesos productivos y las relaciones laborales en actividades de servicios, en su impacto sobre los/as trabajadores/as, y en las estrategias y respuestas desde la organización colectiva. Ha publicado los resultados de sus investigaciones en libros de su autoría, Capítulos de libros y en diversas revistas académicas de alcance nacional e internacional.
E-mail: adelbono@unaj.edu.ar

JOHANNA MALDOVAN BONELLI. Licenciada en Sociología y Doctora en Ciencias Sociales por la Universidad de Buenos Aires (UBA). Es Investigadora Adjunta del CONICET con sede en el Instituto de Estudios Sociales en Contextos de Desigualdades de la Universidad Nacional de José C. Paz (IESCODE/UNPAZ) donde se desempeña también como Coordinadora Académica. Es profesora de la Universidad Nacional Arturo Jauretche (UNAJ) y docente de grado y posgrado de la UBA y la UNPAZ. Es especialista en sociología del trabajo. Sus temas de investigación se centran en las formas de organización laboral, social y sindical de los/as trabajadores/as de la economía popular. Ha publicado artículos en revistas académicas nacionales e internacionales, libros y Capítulos de libros, ha participado en múltiples congresos y en consultorías del ámbito público y privado.

E-mail: johannamaldovan@gmail.com

FLORENCIA CORRADI. Licenciada y profesora en Sociología (UBA), Magíster en Estudios Organizacionales (UNGS) y Doctoranda en Ciencias Sociales (UBA). Es Becaria del CONICET con radicación en el Instituto de Estudios Sociales en Contextos de Desigualdades de la Universidad Nacional de José C. Paz (IESCODE/UNPAZ). Sus temas de investigación se centran en las estrategias laborales y las formas de organización social de trabajadores/as de la economía social y popular. Actualmente investiga las estrategias socioproductivas en unidades familiares del ámbito rural. Ha publicado artículos, participado de congresos y jornadas, trabajado en organismos públicos y realizado consultorías del ámbito público y privado.

E-mail: florcorradi2@gmail.com

MALENA VICTORIA HOPP. Licenciada en Trabajo Social, Magíster en Políticas Sociales y Doctora en Ciencias Sociales por la Universidad de Buenos Aires (UBA). Es Investigadora del CONICET y del Instituto de Investigaciones Gino Germani de la Universidad de Buenos Aires (IIGG-UBA), en donde coordina el Grupo de Estudios sobre Política Social y Condiciones de Trabajo. Integra el Departamento de Economía Social, Cooperativismo y Autogestión y el Espacio de Géneros del Centro Cultural de la Cooperación Floreal Gorini y el Observatorio de Economía Popular, Social y Solidaria de la Facultad de Ciencias Sociales de la Universidad de Buenos Aires. Es profesora de la Universidad de Buenos Aires. Especialista en Políticas Sociales, sus líneas de investigación se centran en el análisis de las políticas de promoción de la economía popular y social, el trabajo autogestionado y las desigualdades.

E-mail: malenavhopp@gmail.com

AGUSTINA TRAJTEMBERG. Licenciada en Trabajo Social por la Universidad de Buenos Aires (UBA) y maestranda en Sociología Económica (UNSAM). Es integrante del Grupo de Estudios sobre Política Social y Condiciones de Trabajo del Instituto de Investigaciones Gino Germani. Sus temas de investigación abordan los procesos de organización colectiva y los sentidos implicados en la disputa político-cultural por el reconocimiento del trabajo en la economía popular.

E-mail: agus.trajtemberg@gmail.com